आओ चलें मंगल की ओर...

आलीशा सत्यार्थ
आकाश सिंह

इसरो isro

प्रभात प्रकाशन, दिल्ली
ISO 9001:2008 प्रकाशक

प्रकाशक • **प्रभात प्रकाशन**
4/19 आसफ अली रोड,
नई दिल्ली–110002

संस्करण • प्रथम, 2018
मूल्य • तीन सौ रुपए
मुद्रक • आर–टेक ऑफसेट प्रिंटर्स, दिल्ली

AAO CHALEN MANGAL KI ORE...
by Alisha Satyarth & Akash Singh ₹ 300.00
Published by Prabhat Prakashan, 4/19 Asaf Ali Road, New Delhi-2
e-mail: prabhatbooks@gmail.com ISBN 978-93-5266-451-1

डॉ. आनंद कुमार शर्मा
उत्कृष्ट वैज्ञानिक एवं
उप निदेशक यांत्रिक प्रणाली क्षेत्र

विषय : 'आओ चलें, मंगल की ओर' पुस्तक की समीक्षा

इसरो उपग्रह केंद्र के दो युवा वैज्ञानिक सुश्री आलीशा सत्यार्थ और श्री आकाश सिंह ने 'आओ चलें, मंगल की ओर' नामक पुस्तक लिखी है। पुस्तक में ब्रह्मांड, सौरमंडल, खगोलिकी के सिद्धांतों का संक्षिप्त परिचय देते हुए मंगल ग्रह में मानव की जिज्ञासा का सुंदर वर्णन किया गया है। मंगल मिशन के अतीत, वर्तमान तथा भविष्य में इंगित मिशनों की रूपरेखा प्रस्तुत की गई है। भारत के मंगलयान पर एक पूर्ण अध्याय लिखा गया है। पुस्तक की रूपरेखा इस प्रकार संगठित की गई है, जिससे पाठक की पुस्तक को आगे पढ़ने में रुचि बनी रहे।

अंत में संदर्भ भी दिया गया है। चित्रों की सहायता से विषय-वस्तु को भली प्रकार से समझाया गया है। युवा लेखकों का अंतरिक्ष प्रौद्योगिकी जैसे जटिल विषय पर सरल व सुरुचिपूर्ण भाषा में पुस्तक लिखने के इस प्रयास की मैं सराहना करता हूँ। भविष्य में अंतरिक्ष प्रौद्योगिकी विषय पर लेख और पुस्तक लिखने के प्रोत्साहन के साथ मैं इन लेखकों के उज्ज्वल भविष्य की कामना करता हूँ।

आनंद कुमार शर्मा

(डॉ. आनंद कुमार शर्मा)

आभार

इस पुस्तक के इस स्वरूप के पीछे बहुत से लोगों का योगदान है। सर्वप्रथम हम अपने सहकर्मी ईशिता गंजु और शिवम् अरोड़ा के प्रति आभार व्यक्त करना चाहेंगे, जिन्होंने पुस्तक के अंतिम स्वरूप के लिए बहुमूल्य योगदान दिया है।

शैक्षिक एवं नैतिक समर्थन के लिए हम श्रीमान जीवन कुमार पंडित, अमन श्रीवास्तव, अनूप श्रीवास्तव, अजय अंधीवाल के आभारी हैं, जिन्होंने अपने बहुमूल्य समय में से कुछ क्षण इस पुस्तक पर व्यतीत किए और चयन एवं संपादन प्रणाली में हमारी सहायता की। इनके सहयोग के बिना शायद ही यह पुस्तक पूर्ण हो पाती।

फिर हम अपने माता-पिता को धन्यवाद करना चाहेंगे, जिन्होंने हमें इस पुस्तक को लिखने के लिए प्रेरित किया और टिप्पणियाँ प्रदान कीं।

अंत में हम सर्वव्यापी ईश्वर के प्रति हार्दिक आभार ज्ञापित करना चाहेंगे, जिनकी हर पथ पर सहायता से यह पुस्तक पूर्ण हो पाई।

धन्यवाद

—आलीशा सत्यार्थ

—आकाश सिंह

यह पुस्तक

किसी भी देश के जागरूक नागरिक का यह कर्तव्य है कि वह शिक्षा प्राप्त करने का प्रसार करे। इसी अभिप्राय से इस पुस्तक की रचना की गई है, जिससे आसन्न संतति को अंतरिक्ष और विशेषकर, मंगल ग्रह पर होने वाले अन्वेषण का ज्ञान हो सके। जनसाधारण में जागरूकता और अंतरिक्ष अनुसंधान के लिए जिज्ञासा उत्पन्न करना ही इस पुस्तक का प्रमुख ध्येय है। इस पुस्तक को आठ भागों में विभाजित किया गया है। प्रथम भाग में अंतरिक्ष अन्वेषण के महत्व को इंगित कर पाठकों के मन में रुचि उत्पन्न करने की चेष्टा की गई है। द्वितीय भाग में ब्रह्मांड और सौरमंडल के सभी ग्रहों के विषय में जानकारी दी गई है। तीसरे भाग में खगोल विज्ञान के कुछ सिद्धांतों का वर्णन किया गया है, जिससे पाठक को पुस्तक के अन्य भाग को समझने में आसानी हो। चौथे और पाँचवें भाग में मंगल ग्रह और मंगल अभियानों के बारे में जानकारी दी गई है। यदि मंगल ग्रह के अभियानों की बात करें तो क्यूरोसिटी और मंगलयान का नाम सर्वप्रथम ध्यान में आएगा। छठे और सातवें भाग इसी विषय पर क्रेंदित हैं। अंतिम भाग में पाठकों को आगामी मंगल ग्रह की ओर केंद्रित प्रमुख परियोजना से अवगत कराया गया है।

अनुक्रम

1. भूमिका

ब्रह्मांड के किसी ग्रह या सितारे की खोज एवं उसकी जानकारी प्राप्त करना हमारे इंसान होने का प्रमाण देता है। सदियों से हम इसी सवाल का जवाब चाहते रहे हैं कि यह आसमान में चमकते तारे क्या हैं? अन्वेषण हमारी प्रवृत्ति है। हमने अपनी शुरुआत खानाबदोश की तरह की थी। आज भी हम खानाबदोश ही हैं। इस अनंत महासागर रूपी ब्रह्मांड के एक तट पर बैठे हमें कई वर्ष बीत गए। अब वक्त है कि हम इस महासागर की गहराइयों को और जानें और पहचानें।

मानव मस्तिष्क में अक्सर ऐसे प्रश्न उठते हैं कि अंतरिक्ष अन्वेषण के लिए धन क्यों खर्च किया जाए जबकि देश की आर्थिक स्थिति सुदृढ नहीं है और उस धन से देश की अर्थव्यवस्था को सुधारा जा सकता है, लेकिन ऐसा नहीं है। आइए, हम यह जानने का प्रयास करें कि अंतरिक्ष अन्वेषण क्यों आवश्यक है?

यदि हम गरीबी, बेरोजगारी, बुनियादी सुविधाएँ एवं गाँव में विद्युत ऊर्जा के उत्पादन एवं वितरण की समस्याओं की बात करें तो हमारी अनेक समस्या अंतरिक्ष अन्वेषण के द्वारा सुलझाई जा सकती हैं। जैसे कि अपोलो मिशन से कंप्यूटर को लघु रूपित करने में सहायता मिली। इससे अस्पतालों, चिकित्सालयों एवं दफ्तरों में इनका प्रयोग संभव हो सका। फलस्वरूप, कागज के प्रयोग में कमी हुई। अनुसंधान द्वारा सौर पैनल में सुधार हुआ जिससे गाँव में बिना प्राकृतिक संसाधनों का प्रयोग किए ऊर्जा दी जा सकती है। इससे हृदय प्रत्यारोपण, मॉनिटर, प्रकाश आधारित कैंसर निरोधी चिकित्सा, तार रहित उपकरण, हल्के वजन की मिश्रित धातुएँ, आजकल के मोबाइल फोन में प्रयोग होने वाला कैमरा, जल शुद्धीकरण वाले उपकरण और जैव चिकित्सा जैसी अनेक अन्य प्रौद्योगिकियों में सहायता मिली।

एक हल्का नीला बिंदु

(सौजन्य : 'नासा')

14 फरवरी, 1990 को यह तस्वीर वॉयजर-1 यान ने ली थी। यह तस्वीर पृथ्वी से 6 अरब किलोमीटर दूरी से ली गई थी। देखने में इस तस्वीर में केवल काला अंतरिक्ष और सूरज की किरणें दिखाई देती है। तस्वीर के दाहिनी निचली तरफ एक हल्का नीला बिंदु दिखाई देता है। वह पृथ्वी है। डॉक्टर कार्ल सेगन ने इस तस्वीर को पेल ब्लू डॉट (हल्का नीला बिंदु) कहते हुए बड़े ही सुंदर शब्दों में अपने विचार प्रकट किए थे। उन्होंने कहा कि इस तस्वीर में दिख रहा वह छोटा सा बिंदु, वह हम हैं। जिसे भी आप जानते हैं, पहचानते हैं, प्यार करते हैं, जो भी आज तक रहा है, सभी लड़ाइयाँ, युद्ध, धर्म, बहादुर, कायर, शासक, किसान, माँ, बाप, गुरु, नेता, अभिनेता और हर किस्म की प्रजातियाँ जो कभी भी रही हैं, वे इस छोटे धूल के कण के समान ग्रह पर ही रही हैं, जो सूरज की एक किरण में समा गया।

अंतरिक्ष परियोजना से इंजीनियरों, वैज्ञानिकों, प्रबंधकों को न केवल खोज करने की प्रेरणा मिलती है, बल्कि उनकी कार्यक्षमता भी विकसित होती है। अत: इससे देश की अर्थव्यवस्था में सुधार होता है जिससे मानव को मूलभूत सुविधाएँ प्रदान की जा सकती हैं। अंतरिक्ष अन्वेषण से रोजगार के नए-नए अवसर मिलते हैं। पृथ्वी के प्राकृतिक संसाधन जिस गति से उपयोग किए जा रहे हैं, उससे वे जल्दी ही पृथ्वी से समाप्त हो जाएँगे। हमारे दीर्घकालिक उत्तरजीविका के लिए हमें पृथ्वी के बाहर संसाधनों की खोज करनी होगी। इसका एक ही विकल्प है, अंतरिक्ष अन्वेषण। सन् 2013 में रूस में उल्कापात से कई लोग घायल हो गए थे और साथ ही बहुत नुकसान हुआ था। इसके लिए अगर हमें उल्का पिंड के राह की जानकारी पहले से हो तो हम प्रक्षेपक द्वारा उस तक पहले ही पहुँच कर जरा सा बल देकर उसकी राह परिवर्तित कर सकते हैं। अंतरिक्ष अन्वेषण के द्वारा हम पृथ्वी पर होने वाली आपदाओं और जान-माल के नुकसान को बचा सकते हैं।

प्राचीन काल से ही मानव अपनी जिज्ञासु प्रवृत्ति के कारण सुदूर क्षेत्रों को खोज रहा है। इस जिज्ञासा को शांत करने हेतु हमने आज अपने सौरमंडल के प्रत्येक ग्रह की ओर कोई-न-कोई अंतिरक्ष यान छोड़ दिया है। अंतरिक्ष अन्वेषण के कुछ ही वर्षों के भीतर हमने 'स्पुतनिक' अंतिरक्ष यान छोड़ा था और फिर कुछ ही समय पश्चात् हमने चंद्रमा पर सफलतापूर्वक कदम रखा (नील आर्मस्ट्रांग चंद्रमा पर कदम रखने वाले प्रथम व्यक्ति थे)। हम सौरमंडल के बाहर तक अपने अंतरिक्षयान छोड़ चुके हैं और लगातार अपने असीम लक्ष्य की ओर अग्रसर हो रहे हैं।

अंतरिक्ष में सूक्ष्म गुरुत्वाकर्षण (वह बल जिससे पृथ्वी हमें अपनी ओर खींचती है) होने के कारण, उस परिस्थिति में मानव शरीर की प्रतिक्रिया को प्रयोगशाला में समझा जा रहा है। इससे हमें उम्रवृद्धि की प्रक्रिया को समझने में मदद मिलेगी। मंगल जैसे ग्रहों के वातावरण और उनके विकास को जानकर हमें पार्थिव ग्रहों के क्रमिक विकास का ज्ञान होगा, जिनसे हमें भविष्य में पृथ्वी में होने वाले मौसम बदलाव के कारणों की जानकारी मिल सकती है।

2. ब्रह्मांड और सौरमंडल

2.1 ब्रह्मांड

वैज्ञानिकों का मानना है कि आज से करीब 15 अरब वर्ष पूर्व ब्रह्मांड का कोई अस्तित्व नहीं था। एक छोटे से अति सघन बिंदु के जबरदस्त विस्फोट (बिग बैंग) होने के पश्चात ही ब्रह्मांड का निर्माण हुआ। उस महाविस्फोट के कारण अणुओं की रचना हुई और उनके बादलों से सूर्य, ग्रहों, क्षुद्र ग्रहों, प्राकृतिक उपग्रहों, उल्का, धूमकेतु और खगोलीय धूल का निर्माण और उपविकास हुआ।

हमारे ब्रह्मांड में अनेक (करीब 200 हजार करोड़) तारक पुंज (तारों के समूह) हैं। आकाश गंगा हमारा तारक पुंज है जिसमें अनेकों तारे, उनके बीच धूल, गैस और अन्य पदार्थ हैं। इसमें करीब 2000 करोड़ तारे हैं और हमारा सूर्य उन करोड़ों तारों में से एक तारा है। गुरुत्वाकर्षण बल के कारण हर तारे के चारों ओर ग्रह परिक्रमा करते हैं। गुरुत्वाकर्षण बल दो वस्तुओं के बीच उनके द्रव्यमान के कारण आता है। ब्रह्मांड में कोई भी दो वस्तुएँ एक-दूसरे को अपनी ओर खींचती हैं। चाहे वह आप और आपके सामने रखी पुस्तक ही क्यों न हो। परंतु वह पुस्तक आपकी ओर इसलिए नहीं खिंची चली आती क्योंकि गुरुत्वाकर्षण बल आपके और पुस्तक के बीच में बहुत कम मात्रा में होता है। यदि एक गेंद को रस्सी से बाँधकर घुमाएँ तो उसके लिए आपको हमेशा रस्सी को अपनी ओर खींचना पड़ेगा। उस बल के कारण वह गेंद गोल-गोल घूमती है।

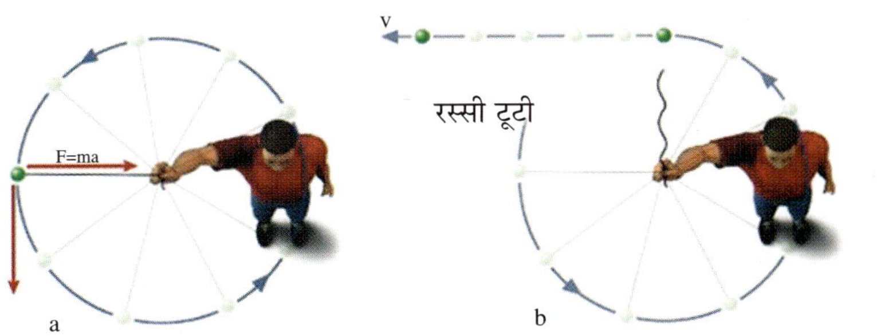

चित्र 2.1 : (अ) लड़का अपनी ओर गेंद खींचकर उसे घुमा रहा है
(ब) जैसे ही रस्सी टूटी गेंद अपकेंद्रीय बल के कारण अपनी गति के दिशा की ओर चली गई

ऊपर दिए गए चित्र 2.1 में लड़के द्वारा गेंद अपनी ओर खीचने से गेंद इसलिए अंदर नहीं चली आती क्योंकि वह घूम रही है और उस पर अपकेंद्रीय बल लग रहा है। जैसे ही रस्सी टूटी, गति के कारण वह उस दिशा की ओर चली गई क्योंकि उसमें अंदर की ओर बल लगना बंद हो गया।

इसी प्रकार जब गुरुत्वाकर्षण बल से सूर्य किसी ग्रह को अपनी ओर खींचता है, तब गति के कारण वे उसकी गोल-गोल परिक्रमा करने लगते हैं।

तारे तप्त और प्रकाशयुक्त होते हैं, जिनसे उच्च तापमान के कारण ऊष्मा और प्रकाश का उत्सरण होता है। परंतु आकाश में हर चमकने वाली वस्तु तारा नहीं होती। इनमें से कुछ ग्रह होते हैं, जिनकी खुद की

कोई रोशनी नहीं होती, बल्कि वे सूर्य की परावर्तित रोशनी के द्वारा चमकते हैं। तारों की तुलना में ग्रह ज्यादा चमकते हैं और टिमटिमाते नहीं। कई तारे आकार में बहुत बड़े होते हैं परंतु छोटे प्रतीत होते हैं क्योंकि उनकी पृथ्वी से दूरी ज्यादा होती है।

चित्र 2.2 : रेल की पटरियों के बीच की दूरी, दूर जाने पर कम होती हुई प्रतीत होती है

उदाहरण के लिए, ऊपर चित्र 2.2 में रेल की पटरियाँ आगे जाकर मिलती हुई दिखाई देती है। परंतु वास्तव में ऐसा नहीं हैं। चूँकि रेल की पटरी बहुत दूर तक बिछी है इसलिए दूर जाकर वह पास होती हुई प्रतीत होती हैं और हमें लगता है कि वे आपस में मिल गई हैं।

एक प्रकाश वर्ष—वह दूरी है जिसे प्रकाश किरण एक वर्ष में तय करती है। (9.5×10^{12} किलोमीटर)

पृथ्वी के सबसे निकट तारा भी उससे 4.3 प्रकाश वर्ष दूर है। इसे हम 'प्रोक्सिमा सेंचुरी' के नाम से जानते हैं।

एक खगोलीय इकाई—सूर्य से पृथ्वी तक की दूरी को हम एक खगोलीय इकाई कहते हैं।

सूर्य और चंद्रमा की तरह आकाश में तारों का स्थान भी स्थिर नहीं रहता। वे भी पूरब से उदय होते हुए दिखाई देते हैं और पश्चिम में डूबते हुए। ऐसा पृथ्वी का अपनी धुरी पर पश्चिम से पूरब की दिशा में घूमने से होता है। केवल दो तारे ही स्थिर दिखाई देते हैं—उत्तरी गोलार्ध में 'ध्रुव तारा' और दक्षिणी गोलार्ध में 'दक्षिणी क्रॉस तारा'। अपने सौरमंडल को हम दो भागों में विभाजित कर सकते हैं—आंतरिक (कोर) और परिधीय। आंतरिक हिस्सा सूर्य को लेकर सबसे अंतिम ग्रह तक फैला हुआ है (जिसका फैलाव 40 खगोलीय इकाई तक है)।

2.2 सूर्य

सूर्य हमारे सौरमंडल के केंद्र में स्थित एक तारा है। इसका द्रव्यमान पृथ्वी से 30,000 गुना ज्यादा और आयतन 13 लाख गुना ज्यादा है। ऊर्जा से परिपूर्ण यह विशाल तारा (सूर्य) परमाणु विलय (इस प्रक्रिया में हीलियम हाइड्रोजन में परिवर्तित हो ऊर्जा उत्पन्न करती है।) द्वारा हाइड्रोजन और हीलियम से बना है। सूर्य की बाहरी सतह का तापमान 6000 डिग्री सेल्सियस है और केंद्रीय भाग का तापमान लगभग 1.5–2 करोड़ डिग्री सेल्सियस है। सूर्य अपनी धुरी पर 25 दिन में घूमता है और साथ-ही-साथ 'गांगेय नाभिक' (galactic nucleus) के चारों ओर 250 किलोमीटर प्रति सेकंड की गति से 2.25×10^8 सालों में परिक्रमा करता है।

2.3 ग्रहीय मंडल

ग्रहों का निर्माण, तारों की रचना करने वाली प्रक्रिया से ही होता है। आधुनिक खगोलशास्त्र के अनुसार अंतरिक्ष में अणुओं (धूल और गैस) के बादल गुरुत्वाकर्षण से सिमटते हैं एवं इन अणुओं के समूह का केंद्रीय भाग संकुचित होकर गर्म होने लगता है। यह केंद्रीय भाग तारे का मूल आधार बनता है। धूल और गैस के बादल संकुचित होने के साथ-साथ एक दिशा में घूमना आरंभ कर देते हैं और एक तश्तरी का आकार लेने लगते हैं। इस तश्तरी को 'आदिग्रह चक्र' (प्रोटोप्लेनेटरी डिस्क) कहते हैं। तारे का निर्माण तश्तरी के केंद्र में होता है। तश्तरी के अणु चिपक कर धूल के कण बनने लगते हैं और फिर धूल के कण मिलकर 'डले' (बड़े पत्थर) बन जाते हैं। गुरुत्वाकर्षण के कारण ये कण अपनी ओर और पदार्थ खींचते हैं और फलस्वरूप आकार में बढ़ने लग जाते हैं (चित्र 2.3)। तश्तरी के भीतरी भाग में अधिकतर ठोस पदार्थ होता है क्योंकि सारी गैस विकसित हुए तारे के जन्म में खर्च हो जाती है। अतः तारे के समीप छोटे ग्रहों का निर्माण होता है। तश्तरी के बाहरी भाग में बर्फ (जो कि तारे की ऊर्जा से पिघल नहीं पाई) और गैस बची रहती है। इस कारण तारे से दूर अधिक ठोस पदार्थ मिलता है और बड़े ग्रह गठित होते हैं। किसी ग्रहीय मंडल के निर्माण के पहले चरण में कभी-कभी ग्रह और उपग्रह आपस में टकरा जाते हैं, जिससे कभी वे खंडित हो जाते हैं, तो कभी गुरुत्वाकर्षण के कारण जुड़कर और बड़े हो जाते हैं।

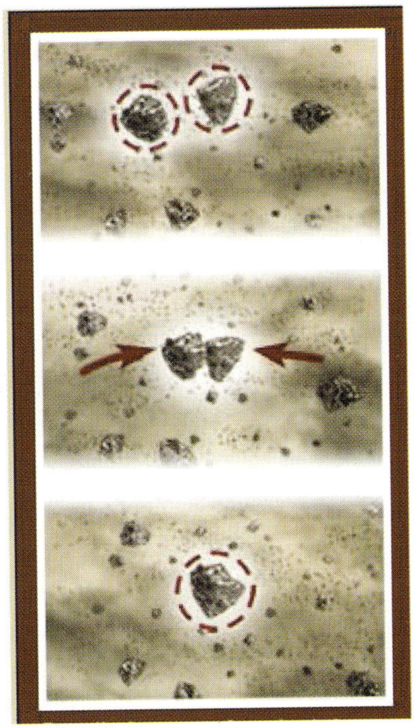

चित्र 2.3 : ग्रह निर्माण के दौरान दो कण जुड़ते हुए (सौजन्य : 'नासा')

नीचे दिए गए चित्र में तारों और ग्रहों की निर्माण विधि को प्रस्तुत किया गया है। जैसा कि चित्र (अ) में दिखाया गया है—अंतरिक्ष में पदार्थ (धूल और कण) गुरुत्वाकर्षण के कारण संकुचित होने लगते हैं और डले बनने लगते हैं। फिर ये सिकुड़ते हुए कण एक तश्तरी का आकार लेने लगते हैं जिसका केंद्रीय भाग तारे

को जन्म देता है क्योंकि वहाँ पदार्थ सबसे ज्यादा सघन और ऊर्जावान होता है (चित्र (ब))। यह तश्तरी एक दिशा में घूमते हुए ग्रह जैसे पिंडों को जन्म देती है जहाँ आसपास के कण गुरुत्वाकर्षण के कारण पिंडों की ओर आकर्षित होने लगते हैं (चित्र (स) और अंत में ग्रह, सारे कणों को अपनी ओर आकर्षित कर, रास्ता साफ करते हैं और तारे की परिक्रमा करने लगते हैं (द)।

(अ)

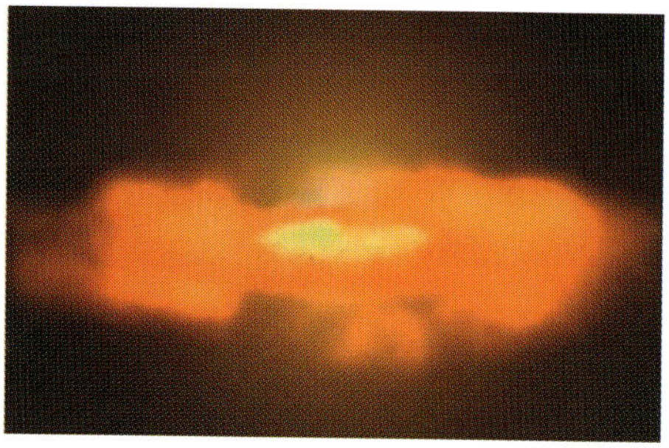

(ब)

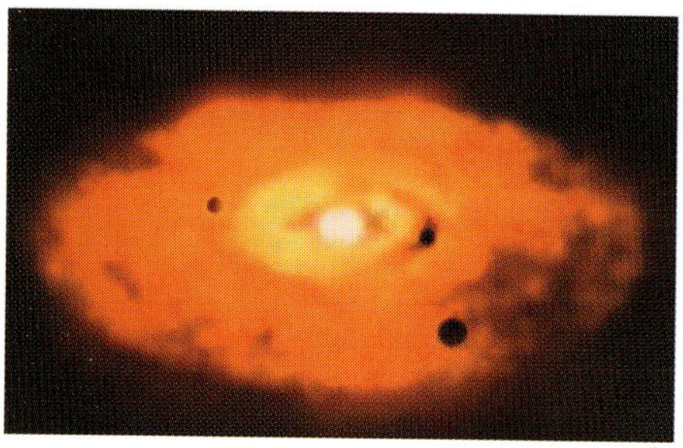

(स)

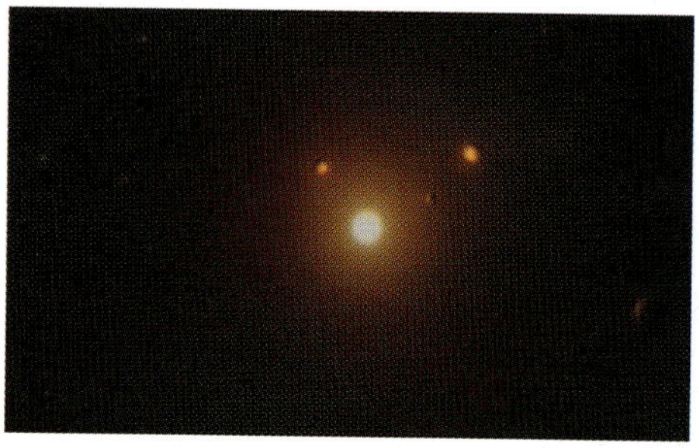

(द)

चित्र 2.4 : चित्र (अ) : धूल और कण सिकुड़ते हुए
चित्र (ब) : धूल तश्तरी और तारे का निर्माण
चित्र (स) : ग्रह जैसे पिंडों का निर्माण
चित्र (द) : ग्रह तारे की परिक्रमा करते हुए

(सौजन्य : 'नासा')

वैज्ञानिकों का मानना है कि हमारे चंद्रमा का जन्म पृथ्वी के किसी बड़े खगोलीय पिंड से भयंकर टकराव के कारण हुआ है। पृथ्वी की सतह से एक बड़ा सा टुकड़ा निकलकर उसकी परिक्रमा करने लगा और चंद्रमा बन गया।

ग्रह—जैसा कि नीचे चित्र 2.5 में दिखाया गया है हमारे सौरमंडल में सूर्य, 8 ग्रह, 5 बौने ग्रह, धूमकेतु, प्राकृतिक उपग्रह, उल्कापिंड शामिल हैं।

बुध—लोहे और जस्ते से बना हुआ यह ग्रह सौरमंडल में सूर्य के सबसे निकट और सबसे छोटे आकार का है। यह बहुत धीमी गति से अपनी धुरी पर परिक्रमा करता है। अत: इसे घूमने में 58.65 दिन लगते हैं। इसका वर्ष 88 दिनों का होता है, जो कि अन्य ग्रहों के वर्षों की तुलना में सबसे कम है। पृथ्वी

चित्र 2.5 : हमारा सौरमंडल जिसमें सूर्य, 8 ग्रह, 5 बौने ग्रह सम्मलित हैं (सौजन्य-[2])

से कम दूरी होने पर भी यह सूर्य के प्रकाश में लुप्त हो जाता है और दिखाई नहीं देता। इस ग्रह को गैस की पतली परत ढके हुए है (विरल वायुमंडल), जिसके फलस्वरूप यहाँ प्रतिदिन तापमान का स्तर बहुत अधिक हो जाता है। इस बात का अनुमान हम इस बात से लगा सकते हैं कि जो भाग सूर्य की तरफ देखता है उसका तापमान 450 डिग्री सेल्सियस तक पहुँच जाता है और विपरीत भाग-150 डिग्री सेल्सियस तक ठंडा हो जाता है। वायु और पानी की अनुपस्थिति और तापमान के इतने अधिकतम और न्यूनतम स्तर तक पहुँचने की वजह से यहाँ पर जीवन संभव नहीं है। इसका एक भी उपग्रह नहीं है।

शुक्र—यह पृथ्वी के सबसे निकट और सबसे प्रकाशयुक्त ग्रह है। क्योंकि शुक्र की कक्षा पृथ्वी की कक्षा के भीतर है, यह सूर्य से अधिक दूर नहीं जाता और सूर्यास्त के पश्चात भी पृथ्वी पर आसानी से दिखाई देता है। जब यह पश्चिम आसमान में दिखता है तो इसे 'सांध्य का तारा' कहते हैं और जब यह पूर्व आकाश में दिखाई देता है तो इसे 'सुबह का तारा' कहते हैं। यह ग्रह सबसे धीमी गति से अपनी धुरी पर घूमता है और लगभग 243 दिन एक पूरा चक्कर काटने में लगाता है। यदि कोई प्रेक्षक शुक्र ग्रह पर सूर्य को देखे तो उसे सूर्य पश्चिम से उदय होता हुआ दिखाई देगा, क्योंकि यह अपनी धुरी पर पूर्व से पश्चिम की ओर परिक्रमा करता है। इसके सूर्य के परिक्रमण करने का अंतराल 224 दिन है। अत: सूर्य की परिक्रमा करने की तुलना में यह अपनी धुरी पर परिक्रमा करने में अधिक समय लगाता है। शुक्र पृथ्वी के सबसे समीप ही नहीं है, बल्कि द्रव्यमान, घनत्व और आकार में भी पृथ्वी के समान है। यदि पृथ्वी का मूल्य 1 लिया जाए तो शुक्र का 0.82 गुना द्रव्यमान, 0.95 गुना त्रिज्या और 0.95 गुना घनत्व आएगा।

शुक्र के वातावरण में अधिकतर कार्बन डाइऑक्साइड है और पृथ्वी की तुलना में करीब 100 गुना ज्यादा वायु दबाव शुक्र की सतह पर लगता है। इसके वातावरण में बहुत कम मात्रा में सल्फर डाइऑक्साइड और जलवाष्प है। घने बादल इसकी सतह को ढके रहते हैं और रोशनी के परावर्तन के कारण से यह बहुत प्रकाशयुक्त दिखाई देता है। यह सौरमंडल का सबसे गर्म ग्रह है। इसकी सूर्य की ओर सामना करने वाली

सतह का तापमान लगभग 500 डिग्री सेल्सियस तक पहुँचने का अनुमान लगाया जाता है। इसके अधिक तापमान का कारण वातावरण की घनिष्ठता और अपनी धुरी पर परिक्रमा की धीमी गति है (जिसके कारण इसकी सतह अधिकतर समय सूर्य का सामना करती है)। इस ग्रह के वातावरण का तापमान अपेक्षाकृत इसलिए अधिक है क्योंकि कार्बन डाइऑक्साइड और बादल, सूर्य की गर्मी को अवशोषित कर लेते हैं (ग्रीनहाउस प्रभाव)। बुध की तरह इसका भी कोई प्राकृतिक उपग्रह नहीं है और अब तक इस पर जीवन का कोई संकेत नही मिला है।

पृथ्वी—सूर्य से पृथ्वी तीसरा ग्रह है, जिसकी सूर्य से औसत दूरी लगभग 15 करोड़ किलोमीटर है। इसको अपनी धुरी पर परिक्रमा करने में 23 घंटे 56 मिनट और सूर्य की परिक्रमा करने में लगभग 365 (365.256) दिन लगते हैं। संभवत: यह इकलौता ग्रह है जिसमें पानी तरल अवस्था में पाया जाता है। तरल जल की उपस्थिति के कारण इसे 'नीला ग्रह' भी कहते हैं। वायुमंडल में ऑक्सीजन और नाइट्रोजन की उपस्थिति, जल की प्रचुरता और सही तापमान के कारण यहाँ जीवन संभव हो पाया है। इसका एक प्राकृतिक उपग्रह भी है—चंद्रमा।

मंगल—मंगल सूर्य से चौथा ग्रह है, जो काफी उज्ज्वल और रक्त वर्ण जैसा प्रतीत होता है। इसे 'लाल ग्रह' भी कहते हैं। इसकी त्रिज्या पृथ्वी से लगभग आधी है। इसकी सूर्य से औसत दूरी लगभग 22.8 करोड़ किलोमीटर है। मंगल अपनी धुरी पर परिक्रमा करने में लगभग 24.6 घंटे लगाता है और सूर्य की परिक्रमा करने में 687 दिन। इसके पतले से वायुमंडल में अधिकतर कार्बन डाइऑक्साइड उपस्थित है। उत्तरी ध्रुव पर बर्फ की टोपी और घाटी में कोहरे होने के कारण इसके वातावरण में बहुत कम मात्रा में जलवाष्प है। पृथ्वी की भाँति मंगल की धुरी भी झुकी हुई है, अत: इसका मौसमी चक्र पृथ्वी के समान है। इसकी सतह पर ऊँचे ज्वालामुखी शंकु हैं, जिनमें से एक तो 24 किलोमीटर ऊँचा है। इसके कई भाग लाल रंग की मिट्टी से भी ढके हुए हैं। यहाँ अधिकतर आँधी आती है, इसलिए इसे 'धूलीय ग्रह' भी कहते हैं। इसका औसत तापमान हिमांक बिंदु से भी कम है। 'वाइकिंग मिशन' से यह ज्ञात हुआ था कि यहाँ कोई जीवन नहीं है। इसके दो प्राकृतिक उपग्रह हैं—'डिमोज' और 'फोबोस'।

बृहस्पति—बाहरी ग्रहों में से बृहस्पति सूर्य के निकटतम है और यह सबसे बड़ा ग्रह भी है। इसका आयतन पृथ्वी से 1300 गुना अधिक है। परंतु कम घनत्व के कारण (पृथ्वी के घनत्व से लगभग एक चौथाई कम) इसका द्रव्यमान पृथ्वी से 300 गुना ज्यादा है। बृहस्पति को 'गैस दानव' भी कहते हैं क्योंकि यह अधिकतर हाइड्रोजन और हीलियम से बना हुआ है। इसमें कम मात्रा में मीथेन, अमोनिया, ऑक्सीजन और जलवाष्प पाया जाता है। सूर्य से अधिक दूर होने के कारण इसका औसत तापमान लगभग 100 डिग्री सेल्सियस है। यह लगभग 9 घंटे और 50 मिनट अपनी धुरी पर परिक्रमा करने में लगाता है और 11.86 साल सूर्य की परिक्रमा करने में लगाता है। इसके सबसे अधिक प्राकृतिक उपग्रह हैं (61 अभी तक ज्ञात हैं)। इसका सबसे बड़ा उपग्रह 'गेनीमेड' जो बुध ग्रह से भी बड़ा है।

बृहस्पति को प्रमुखत: अपने 'बड़े लाल धब्बे' के लिए जाना जाता है, जो कि 30,000 किलोमीटर

लंबा और 13,000 किलोमीटर चौड़ा है। इसकी भूमध्य रेखा के समानांतर श्वेत और श्याम रंग की रेखाएँ हैं और पृथ्वी की तरह इसका स्वयं का चुंबकीय क्षेत्र भी है।

शनि—यह सौरमंडल का दूसरा सबसे बड़ा ग्रह है एवं सबसे कम घना भी। इसका घनत्व पानी के घनत्व से भी कम है। यह बाहरी ग्रहों में नग्न आँख से दिखने वाला ग्रह है और पृथ्वी से 9 गुना ज्यादा बड़ा है। बृहस्पति की भाँति यह भी अधिकतर हाइड्रोजन से बना है जिसमें हीलियम और मीथेन कुछ मात्रा में मिली हुई है। इसका वायुमंडल भी जीवन के लिए उपयुक्त नहीं है। इस ग्रह के चारों ओर कई वलय (तीन) वृत्त हैं, जो इसको खूबसूरती प्रदान करते हैं। ये तीनों वृत्त संकुचित अणुओं से बने हुए हैं, जो इसे वृत्त आकार प्रदान करते हैं। यह सूर्य से लगभग 1.427×10^9 किलोमीटर की औसत दूरी पर है। इस ग्रह के 31 (ज्ञात) प्राकृतिक उपग्रह हैं जिसमें से 'टाइटन' सौरमंडल का सबसे बड़ा उपग्रह है। यह बुध से भी बड़ा उपग्रह है और इसका खुद का वायुमंडल भी है।

अरुण—अरुण सूर्य से सातवाँ ग्रह है और शुक्र की भाँति यह भी अपनी धुरी पर पूर्व से पश्चिम की दिशा में परिक्रमा करता है। यह अपनी धुरी से 98 डिग्री कोण पर झुका हुआ है। अतः सूर्य की रोशनी अधिकतर इसके ध्रुवीय क्षेत्र में पड़ती है। इसके 26 ज्ञात प्राकृतिक उपग्रह हैं।

वरुण—यह अरुण से थोड़ा सा छोटा और सौरमंडल का आठवाँ ग्रह है। इसके 13 ज्ञात उपग्रह हैं और यह अरुण से भी ठंडा है। इसका वातावरण हाइड्रोजन और हीलियम से बना हुआ है।

खगोलीय पिंड	सूर्य से औसत दूरी (10 लाख किलोमीटर)	औसत व्यास (हजार किलोमीटर)	परिक्रमा की अवधि	अपनी धुरी पर परिक्रमा की अवधि	प्राकृतिक उपग्रह
सूर्य	–	1384	–	25–31 दिन	–
बुध	58	4.8	88 दिन	59 दिन	0
बृहस्पति	107	12.5	255 दिन	257 दिन	0
पृथ्वी	150	12.6	365 दिन	24 घंटे	1
मंगल	227	6.7	687 दिन	24.6 घंटे	2
शुक्र	773	142.4	12 वर्ष	9.8 घंटे	61
शनि	1419	120	29 वर्ष	10.3 घंटे	31
अरुण	2854	49.6	84 वर्ष	15.7 घंटे	26
वरुण	4472	44.8	165 वर्ष	15.7 घंटे	13
चंद्रमा	–	3.46	27.3 दिन	27.3 दिन	(पृथ्वी का प्राकृतिक उपग्रह)

तालिका 2.1

2.4 यम

(सैजन्य-'नासा')

नासा द्वारा 2006 में प्रक्षेपित 'न्यू होराईजन' फ्लोईबाई मिशन द्वारा यम ग्रह की 13 जुलाई, 2015 को खीचीं गई तस्वीर।

पहले यम सौरमंडल का सबसे छोटा और नौंवा ग्रह माना जाता था परंतु आज यह बौना ग्रह कहलाता है।

यम बहुत ही ठंडा ग्रह है, जिसका तापमान 233 डिग्री सेल्सियस से 223 डिग्री सेल्सियस तक पहुँच जाता है। इसके पाँच प्राकृतिक उपग्रह हैं, जिसमें सबसे बड़ा उपग्रह 'कैरन' है। अन्य ग्रहों की तुलना में इसकी कक्षा बहुत अधिक अंडाकार आकृति में है, जिसका केंद्र सूर्य नहीं है। नीचे दिए चित्र में देखा जा सकता है कि यम ग्रह की कक्षीय सतह अन्य ग्रहों की कक्षीय सतह से ज्यादा झुकी हुई है।

बौने ग्रह—यह वह खगोलीय पिंड है जो ना ही ग्रह है और ना ही प्राकृतिक उपग्रह। यह वह आकाशीय वस्तु है जो—

- सूर्य की परिक्रमा करे।
- इतना द्रव्यमान हो कि लगभग गोला आकृति धारण किए हो।
- जिसने अपनी कक्षा के आस-पड़ोस का रास्ता साफ ना किया हो।
- जो कि प्राकृतिक ग्रह न हो।

ग्रह और बौने ग्रह में प्रमुख अंतर है कि ग्रहों ने सूर्य के चारों ओर परिक्रमा करने वाला अपना रास्ता साफ कर दिया है, जबकि बौने ग्रह अपनी जैसी वस्तुओं के पथ में परिक्रमा करते हैं (जैसे कि क्षुद्रग्रह पट्टी (ऐस्टरॉएड बेल्ट) और काइपर घेरा), जो उनके पथ को पार कर देती है।

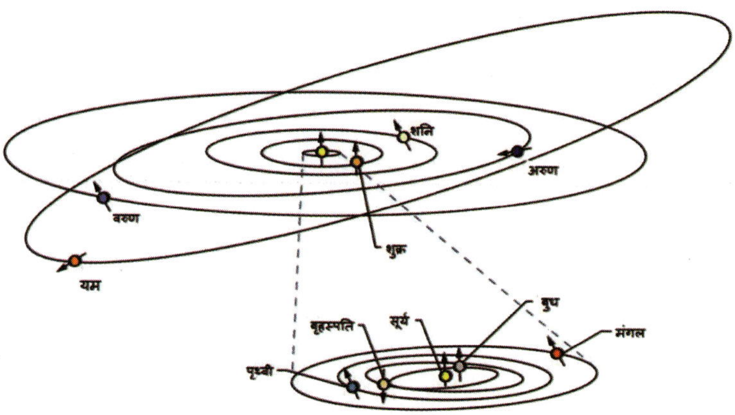

चित्र 2.6 : यम और अन्य ग्रहों की कक्षीय सतह

2.5 क्षुद्रग्रह

हमारे सौरमंडल में मंगल और बृहस्पति ग्रह की कक्षाओं के बीच के क्षेत्र में लाखों-करोड़ों ग्रहों के अवशेष हैं जो कि सूर्य की परिक्रमा करते हैं। इनको क्षुद्रग्रह या (ऐस्टरॉएड) कहा जाता है। इनसे टूटे हुए टुकड़े उल्का बनते हैं और पृथ्वी के गुरुत्वाकर्षण से खिंचकर सघन वायुमंडल में प्रवेश करते हैं। वायुमंडलीय घर्षण के कारण ये प्रकाशयुक्त हो जाते हैं और अधिकतर उल्कापात धूल में नष्ट हो जाते हैं।

धूमकेतु—धूमकेतु सौरमंडल के बर्फ, पत्थर, धूल और गैस से बने हुए खंड हैं, जो सूर्य की परिक्रमा करते हैं। ये अधिकतर जमी हुई गैस (जल, अमोनिया, मीथेन, कार्बन डाइऑक्साइड) से बने होते हैं क्योंकि इन तक सूर्य की किरण कम पहुँच पाती हैं।

काइपर घेरा—यह एक चक्र (डिस्क) आकार की बर्फीली पिंडों का क्षेत्र है, जो वरुण ग्रह की कक्षा के पश्चात फैला हुआ है। इसमें यम ग्रह और अनेक धूमकेतु निवासित हैं।

3. खगोल विज्ञान के मौलिक सिद्धांत

न्यूटन के सार्वत्रिक गुरुत्वाकर्षण के सिद्धांत से हम सभी परिचित हैं। इस सिद्धांत के अनुसार दो द्रव्यमानों के बीच का आकर्षण उनके द्रव्यमान के आनुपातिक और उनकी दूरी के वर्ग के प्रतिअनुपाती है। इसी गुरुत्वाकर्षण के कारण हम पृथ्वी पर खड़े हो पाते हैं। पृथ्वी के विशाल द्रव्यमान के कारण हम सब उससे आकर्षित रहते हैं। जिस प्रकार से पृथ्वी हमें आकर्षित करती है, उसी प्रकार से हमारा सूर्य, पृथ्वी और अन्य ग्रहों को आकर्षित करता है। हमारी पृथ्वी सूर्य की तरफ आकर्षित जरूर होती है, परंतु वह उसकी तरफ अग्रसर नहीं होती। ऐसा इसलिए है, क्योंकि हमारी पृथ्वी सूर्य के चारों ओर एक दीर्घवृत्त में घूम रही है और उस पर लगने वाला अपक्रेंद्री बल हमेशा गुरुत्वाकर्षण का विरोध करता है (चित्र 3.1)। इस वजह से हमारी पृथ्वी सूर्य में विलीन होने से बची रहती है।

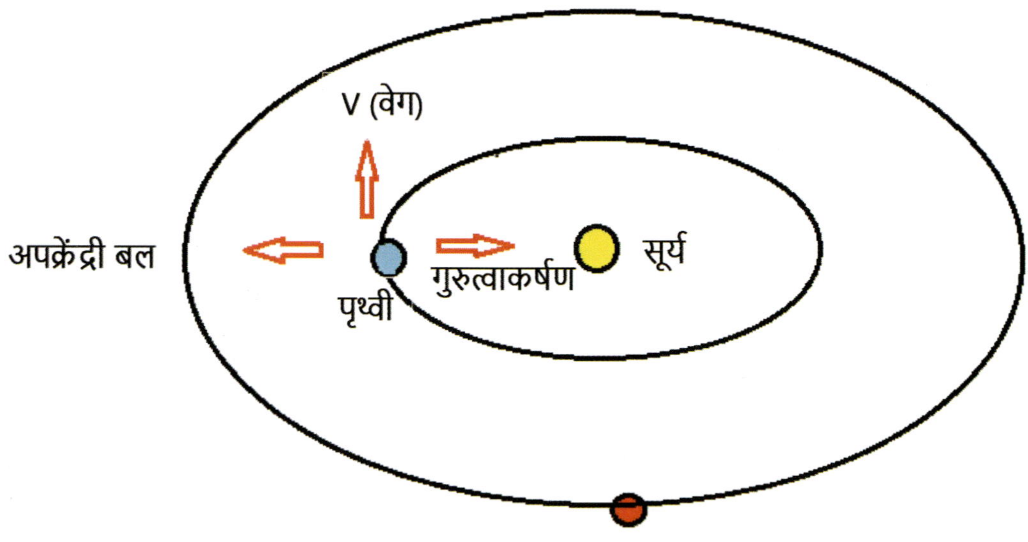

चित्र 3.1 : किसी भी ग्रह के सूर्य की परिक्रमा के दौरान लगने वाले बल को प्रदर्शित करता है

किसी भी द्रव्यमान के कार्य करने की योग्यता को ऊर्जा कहते हैं। यह दो प्रकार की होती है—

गतिज ऊर्जा—वह ऊर्जा जो किसी द्रव्यमान को उसकी गति से मिलती है।

स्थितिज ऊर्जा—यह ऊर्जा का वह रूप है, जो किसी द्रव्यमान को किसी बल क्षेत्र में उसकी स्थिति के फलस्वरूप प्राप्त होती है।

गुरुत्त्व बल की स्थितिज ऊर्जा (चित्र 3.2) को ऐसे समझा जा सकता है, जैसे किसी ऊँचाई से गिरती गेंद। सबसे ऊँचे बिंदु पर उसकी स्थितिज ऊर्जा सबसे ज्यादा रहती है और पृथ्वी के सतह पर शून्य।

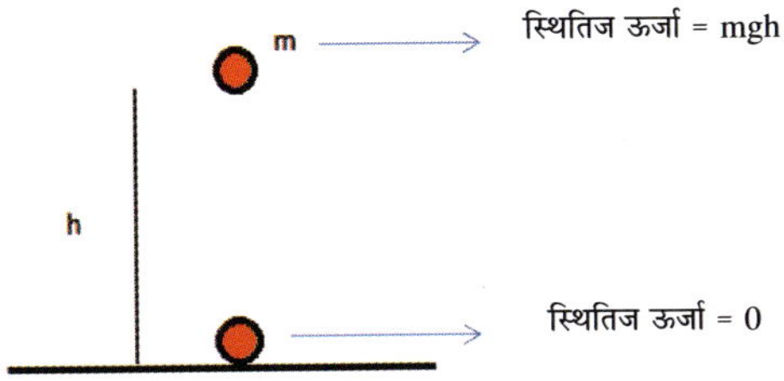

यहाँ, g = गुरुत्वाकर्षण स्थिरांक

चित्र 3.2 : स्थितिज ऊर्जा और गतिज ऊर्जा

गुरुत्वाकर्षण बल

कोई दो घनों (जिनका द्रव्यमान M_1 और M_2 है) के बीच का गुरुत्वाकर्षण बल इस प्रकार से परिभाषित किया जाता है—

$F=GM_1M_2/R^2$ **जहाँ G=सार्वत्रिक गुरुत्वाकर्षण स्थिरांक है और R दोनों घनों के बीच की दूरी।**

पृथ्वी पर पाई जाने वाली हर वस्तु पर लगने वाले गुरुत्वाकर्षण बल को हम इस प्रकार लिख सकते हैं—

$F=GM_eM2m/R^2$ **जहाँ M_e पृथ्वी का घन है और M पृथ्वी पर रखी किसी वस्तु का घन है।**

क्योंकि पृथ्वी की त्रिज्या (R), पृथ्वी की सतह से घन की दूरी (h) की तुलना में बहुत ज्यादा होती है, इस वजह से सामान्यतः हम पृथ्वी के कारण किसी भी वस्तु पर लगने वाले गुरुत्वाकर्षण बल को ऐसे लिखते हैं—

$F=mg$ **जहाँ g को पृथ्वी का गुरुत्वाकर्षण स्थिरांक कहते हैं।** ($g=GM_e/R^2$)

3.1 ग्रह, उपग्रह और उनकी कक्षाएँ

शुरुआत में प्राचीन लोग पृथ्वी को ब्रह्मांड का केंद्र मानते थे, पर बाद में गैलीलियो ने यह सिद्ध किया कि हमारी पृथ्वी सूर्य के चारों ओर चक्कर लगाती है और हमारा सूर्य आकाशगंगा (तारक पुंज) के अरबों तारों में से एक है। इस ब्रह्मांड में हमारी आकाशगंगा जैसे अरबों तारक पुंज हैं। कक्षाओं के केंद्रीय बिंदु के अनुसार कक्षाओं को कई नाम दिए गए हैं, जैसे तारकपुंजों का चक्कर लगाने वाले को तारक पुंज कक्षा, सूर्य का चक्कर लगाने वाले को सूर्य केंद्रीय और पृथ्वी का चक्कर लगाने वाले को भू-केंद्रीय कहते हैं।

भू-केंद्रीय कक्षाएँ वे कक्षाएँ हैं, जिनमें हम लोग कृत्रिम उपग्रह भेजते हैं। इन्हीं कृत्रिम उपग्रहों की वजह से हम लोग दूरदर्शन, सुदूर संवेदन, मौसम, टेलीफोन जैसी सुविधाओं का उपभोग कर पाते हैं। भू-केंद्रीय कक्षाएँ कई प्रकार की होती हैं, इन्हें सामान्यतः धरती के धरातल से ऊँचाई के आधार पर वर्गीकृत किया गया है, जिनमें से कुछ कक्षाओं के बारे में नीचे बताया गया है।

निचली भू-केंद्रीय कक्षाएँ—वे कक्षाएँ जिनकी पृथ्वी की सतह से दूरी 0–2000 किलोमीटर तक होती है।

मध्यम भू-केंद्रीय कक्षाएँ—वे कक्षाएँ जिनकी पृथ्वी की सतह से दूरी 2000–35,876 किलोमीटर तक होती है।

भू-समकालिक कक्षाएँ—वे कक्षाएँ, जिनकी पृथ्वी की सतह से दूरी 35,876 किलोमीटर होती है। इन कक्षाओं की खास बात यह है कि इनकी कक्षीय अवधि पृथ्वी की कक्षीय अवधि के बारबर होती है, जिस वजह से यह धरती से हमें एक ही स्थान पर स्थिर दिखाई देती है। इस तरह की कक्षाओं का प्रयोग संचार और संपर्क के लिए किया जाता है।

कुछ भू-केंद्रीय कक्षाओं को उनके भू-मध्यरेखीय सतह से झुकाव के आधार पर भी वर्गीकृत किया गया है, जैसे कि ध्रुवीय कक्षाएँ और भू-मध्यरेखीय कक्षाएँ। ध्रुवीय कक्षाएँ वे होती हैं, जो पृथ्वी की भूमध्य रेखाओं से कुछ कोण पर रहती हैं और भू-मध्यरेखी कक्षाएँ, जो ठीक भू-मध्य रेखा के ऊपर होती हैं। ध्रुवीय कक्षाओं पर अंतरिक्ष यान सुदूर संवेदन, जी.पी.एस. जैसी सुविधाएँ प्रदान करते हैं।

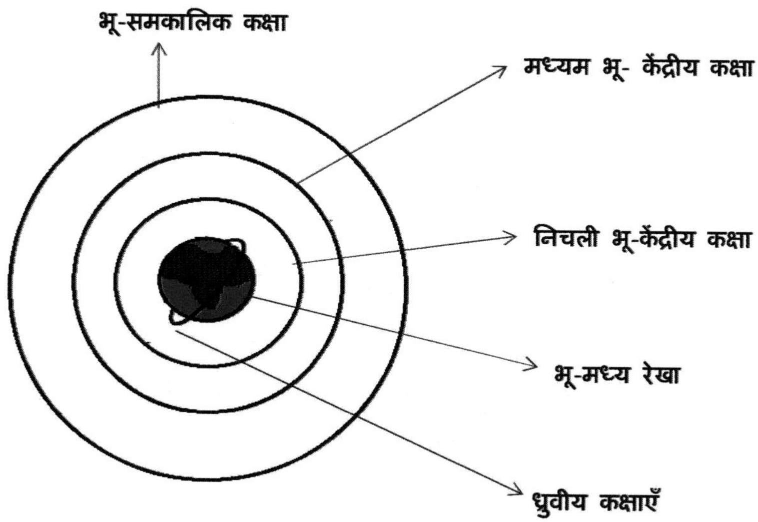

चित्र 3.3 : भू-केंद्रीय कक्षाएँ

पलायन वेग

पलायन वेग वह न्यूनतम वेग है, जिसके मिलने पर कोई वस्तु किसी तारे, ग्रह या उपग्रह के गुरुत्वाकर्षण क्षेत्र से बाहर आ जाती है। किसी भी वस्तु को पृथ्वी के गुरुत्वाकर्षण (किसी कक्षा में) से बाहर निकालने के लिए हमें उस कक्षा में मौजूद गुरुत्वाकर्षीय स्थितिज ऊर्जा के बराबर गतिज ऊर्जा उस वस्तु को देनी पड़ती है। उस गति को हम पलायन वेग कहते हैं।

$$GM_e m/r = 1/2mv^2$$

(पलायन वेग) $V = (GM_e/2r)^{1/2}$

हमें सबसे पहले यह जानना होगा कि ग्रह, उपग्रह, कृत्रिम उपग्रह आदि सब किन नियमों का पालन करते हैं। हमें यह जानकारी तो है ही कि ये गुरुत्वाकर्षण के नियमों का पालन करते हैं। अब हमारा यह जानना आवश्यक हो गया है कि गुरुत्वाकर्षण ग्रहों की चाल को कैसे प्रभावित करता है। अंतरिक्ष विज्ञान को नियंत्रित करने वाले सिद्धांत सबसे पहले 'योहानेस केप्लर' ने दिया था। उनके दिए गए नियम किसी भी ग्रह या अंतरिक्ष यान की कक्षा अर्थात पथ का निर्धारण करते हैं।

कक्षीय ऊर्जा

किसी ग्रह की वृत्ताकार कक्षा में घूर्णन करने हेतु किसी भी वस्तु की गति इतनी होनी चाहिए कि अपकेंद्री बल उस कक्षा में लग रहे गुरुत्वीय बल के बराबर हो।

(अपकेंद्री बल) mv^2/r = (गुरुत्वीय बल) $GM_e m/r^2$

(कक्षीय वेग) $V = (GM_e/r)^{1/2}$

(कक्षीय ऊर्जा) E = **गुरुत्वाकर्षीय स्थितिज ऊर्जा + गतिज ऊर्जा**

$$E = -GM_e m/r + mv^2/2 = GM_e m/r + m\,((MG_e/r)^{1/2})^2/2 = -GM_e m/2r$$

दीर्घवृत्त में घूर्णन करती वस्तु के लिए

(कक्षीय ऊर्जा) $E = -GM_e m/2a$, a = प्रमुख अर्द्ध

(कक्षीय वेग) $V = (GM_e(2/r-1/a))^{1/2}$

कृत्रिम उपग्रह

ये मानव निर्मित उपग्रह हैं, जो पृथ्वी की कक्षा में स्थापित किए जाते हैं। किसी भी कृत्रिम उपग्रह (जिसका घन m हो) को अपनी कक्षा में होने के लिए (पृथ्वी की सतह से कक्षा की ऊँचाई=h) उसे उस कक्षा में लगने वाले गुरुत्व बल के बराबर अपकेंद्री बल लगाना पड़ता है। कृत्रिम उपग्रह को यह अपकेंद्री बल उसका घूर्णन वेग (v) प्रदान करता है।

कक्षा में आवश्यक अपकेंद्री बल = $mv^2/(R_e+h)$

3.2 केप्लर के नियम

1. सौरमंडल के सारे ग्रह सूर्य की परिक्रमा एक दीर्घवृत्त (अंडाकार आकृति) कक्षा में करते हैं। (चित्र 3.4)
2. सूर्य को जोड़ने वाली काल्पनिक रेखा बराबर अंतराल में बराबर क्षेत्र तय करती है। (चित्र 3.5)
3. ग्रहों की कक्षीय अवधि का वर्ग उसकी कक्षा के अर्द्ध प्रमुख के तृतीय घात के अनुरूप होता है।

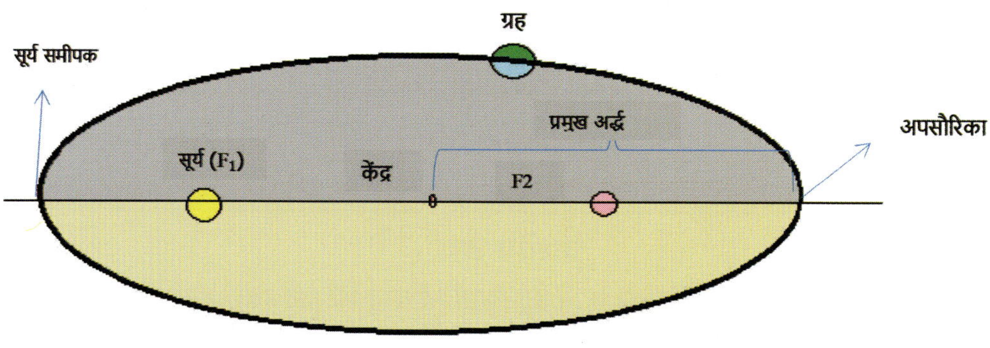

चित्र 3.4 : पृथ्वी की सूर्य की कक्षा का वर्णन

दीर्घ वृत्त एक ऐसा वक्र है, जिसमें दो नाभि (F1, F2) बिंदुओं से दूरियों का जोड़ वक्र के किसी भी बिंदु से बराबर होता है। केप्लर का प्रथम नियम यही बताता है कि सारे ग्रह सूर्य की परिक्रमा एक दीर्घ वृत्त में ही करते हैं। सूर्य उस दीर्घ वृत्त के नाभि पर स्थित है।

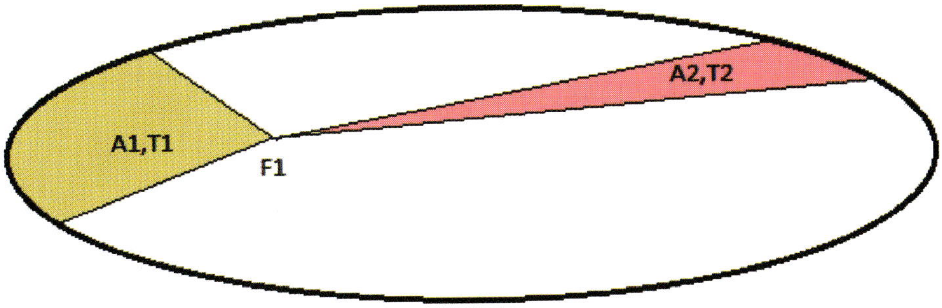

चित्र 3.5 : केप्लर का दूसरा सिद्धांत (यदि $T_1=T_2$ तब $A_1=A_2$)

3.3 पृथ्वी की कक्षा

हमारी पृथ्वी भी केप्लर के नियमों का अनुसरण करते हुए सूर्य का चक्कर एक दीर्घ वृत्त वक्र में करती है। सूर्य उस दीर्घ वृत्त की नाभि पर स्थित है। इसके साथ ही हमारी पृथ्वी अपनी धुरी पर भी घूमती है। इसकी धुरी कक्षीय समतल से 23.5 डिग्री कोण पर झुकी हुई है।

कक्षीय समतल से 23.5 का झुकाव ही पृथ्वी पर होने वाले मौसमों का कारण है। (चित्र 3.6)

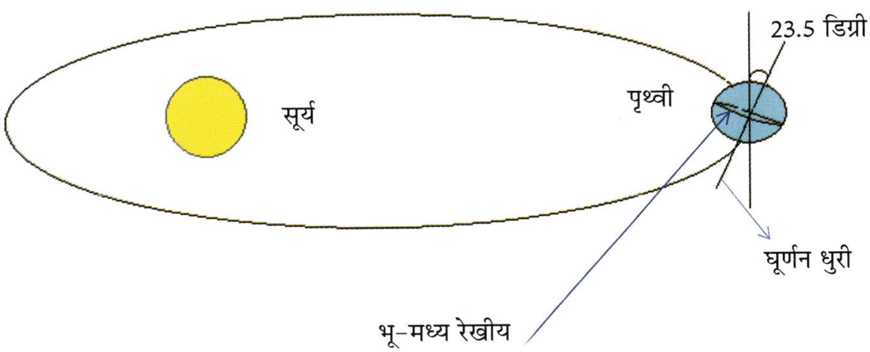

चित्र 3.6 : पृथ्वी का परिक्रमा पथ

3.4 पृथ्वी की ऋतुएँ

सूर्य की परिक्रमा के दौरान जब उत्तरी गोलार्ध सूर्य के समीप आता है (चित्र 3.7 में दाईं तरफ) तब

वहाँ गर्मी पड़ती है और सूर्य से दूर दक्षिणी गोलार्ध में ठंड। इसी स्थिति के विपरीत, जब पृथ्वी परिक्रमा करते हुए चित्र 3.7 में बाईं तरफ पहुँचती है तब दक्षिणी गोलार्ध सूर्य का अधिक सामना करता है और वहाँ गर्मी पड़ती है। अगर हम नीचे दिए गए चित्र 3.7 को देखें तो हमें यह समझ में आएगा कि उत्तरी गोलार्ध की ठंड दक्षिणी गोलार्ध की ठंड से ज्यादा ठंडी होती है, क्योंकि दक्षिणी गोलार्ध की ठंड पृथ्वी के अपसौर बिंदु (सूर्य से अधिकतम दूरी) पर आती है।

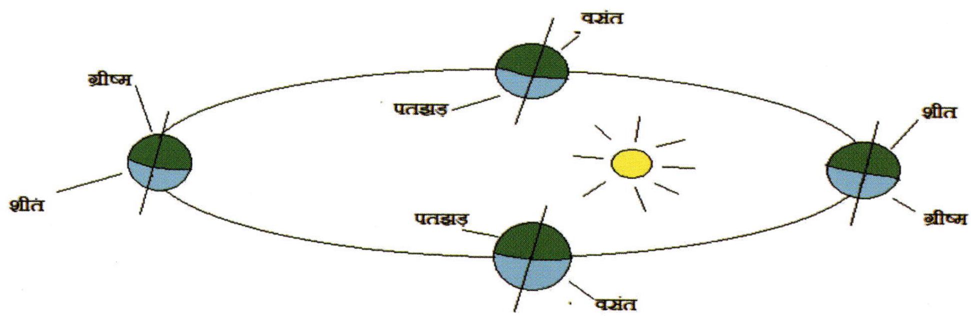

चित्र 3.7 : पृथ्वी की ऋतुएँ

अगर हमें एक ग्रह से दूसरे ग्रह तक जाना है, तो सबसे ज्यादा आवश्यक यह है कि हम अपने अंतरिक्ष यान को भेजने के लिए उस कक्षा का प्रयोग करें, जिसमें सबसे कम ईंधन का प्रयोग हो। ऐसे प्रक्षेप वक्र को खोजना एक बहुत ही रोचक विषय है।

3.5 हॉफमैन प्रक्षेप वक्र

मंगल जैसे बाहरी ग्रहों तक का सफर करने के लिए हमें अपने अंतरिक्ष यान को ईंधन किफायती सौर कक्षा में डालना पड़ता है। प्रक्षेपित होने पर अंतरिक्ष यान को सौर कक्षा के सूर्य समीपक पर होना चाहिए और मंगल पर अवतरण के दौरान उसे सौर कक्षा के नक्षत्र पर होना चाहिए। सौर कक्षा के उस हिस्से को जिससे अंतरिक्ष यान ने धरती से मंगल तक का सफर तय किया उसे हॉफमैन कक्षीय अंतरण कहते हैं। (चित्र 3.8)

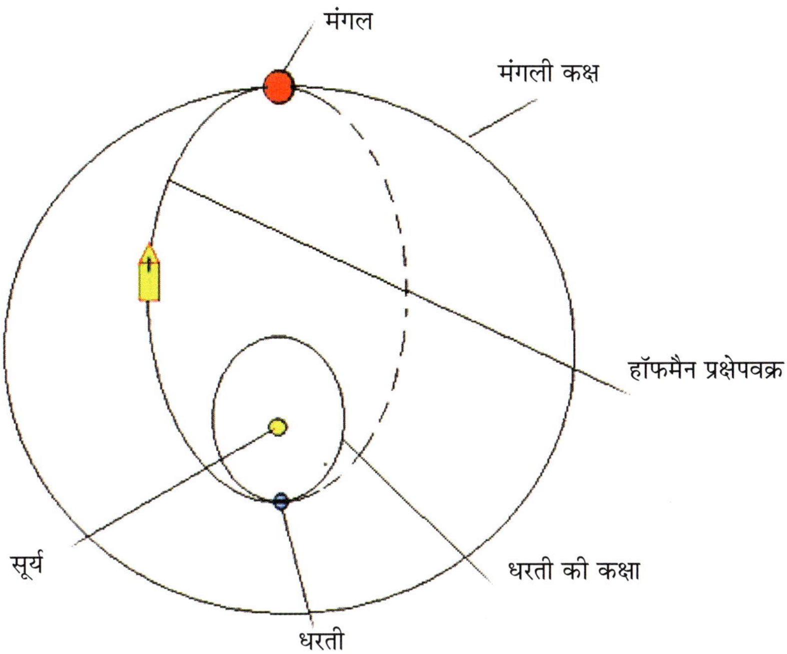

चित्र 3.8 : हॉफमैन प्रक्षेप वक्र

मंगल ग्रह तक पहुँचने के लिए हमें अंतरग्रहीय प्रविष्टि को सटीकता से सुनिश्चित करना पड़ता है। हमारा अंतरिक्ष यान और मंगल ग्रह एक साथ हॉफमैन कक्षीय अंतरण के नक्षत्र पर पहुँचना चाहिए। इस कार्य की तुलना हम गिरती गेंद को निशाना बनाने से कर सकते हैं। हमें सटीकता से निशाना नीचे रखना पड़ता है, जिससे गेंद पर निशाना लग सके।

अंतरिक्ष यान को इस द्रव्यमान किफायती प्रक्षेप वक्र में डालने का अवसर 25 महीनों में एक बार आता है। पृथ्वी की कक्षा से बाहर निकालने के लिए अंतरिक्ष यान को हॉफमैन कक्षीय अंतरण के सूर्य समीपक पर बल लगाना पड़ता है। जब अंतरिक्ष यान 10 महीने का लंबा सफर तय करके मंगल पर पहुँचता है, तब मंगल ग्रह की कक्षा में उसकी प्रविष्टि अपसौरिका बिंदु पर बल लगाकर सुनिश्चित की जाती है।

हॉफमैन कक्षीय अंतरण इष्टतम इस वजह से है, क्योंकि अंतरण कक्षा में इसकी प्रविष्टि स्पर्श रेखा पर होती है, जिससे ऊर्जा की बचत होती है। चित्र 3.8 में देखा जा सकता है कि दोनों ग्रहों की कक्षाएँ अंतरण कक्षा के नक्षत्र और सूर्य समीपक पर क्रमशः स्पर्श करती हैं। ऊपर चित्र से यह भी स्पष्ट है कि अंतरण कक्षा आधा दीर्घवृत्त है, जिसकी प्रमुख अर्धता दोनो ग्रहों की सूर्य से दूरी का समानांतर मध्य है। हॉफमैन कक्षीय अंतरण में अंतरिक्ष यान अपना अधिकतर समय सूर्य-केंद्रीय कक्षा में व्यतीत करता है। अगर हम किसी और

दीर्घवृत्त को लेकर अंतर ग्रहीय अंतरण करें तो वह अंतरण कक्षा किफायती नहीं होगी, क्योंकि हमारा कुछ द्रव्यमान अंतरिक्ष यान के कोण को बदलने में लग जाएगा। (चित्र 3.9)

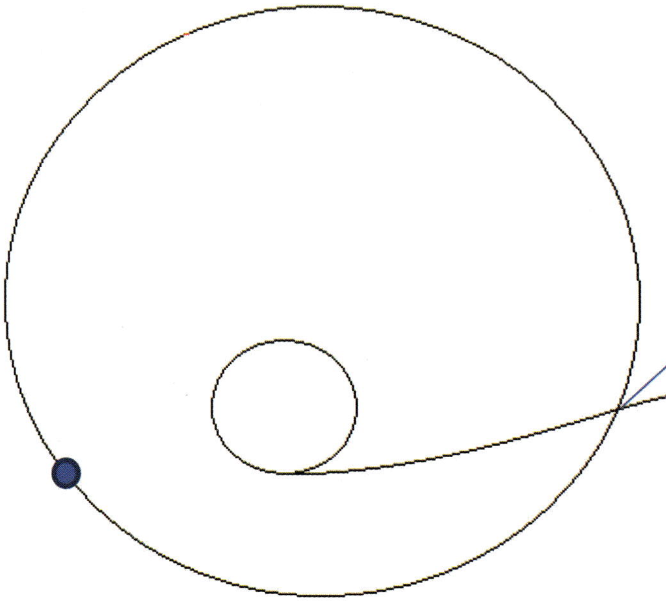

चित्र 3.9 : प्रक्षेप वक्र एवं ईंधन नुकसान

3.6 अंतरिक्ष यान

अंतरिक्ष यान एक ऐसी मशीन है, जो कि अंतरिक्ष में चलने में सक्षम हो। हर अंतरिक्ष यान में दो चीजें जरूरी होती हैं—ऊर्जा के लिए सौर पैनल एवं संचार के लिए ऐंटेना। सौर पैनल सूर्य की रोशनी को ऊर्जा में परिवर्तित कर देते हैं। इसके अलावा इनमें तापमान नियंत्रित रखने के लिए उष्मक लगे रहते हैं। ऊष्मा को एक जगह से दूसरी जगह ले जाने के लिए ऊष्मा नलिकाएँ लगी रहती हैं। इससे इसमें लगे वैज्ञानिक उपकरण (इलेक्ट्रानिकी) कार्यशील रहते हैं। इसमें संचालक शक्ति के लिए द्रव-इंजन (लैम) लगा रहता है, जो कि यान के वेग को बढ़ाता या घटाता है। सामान्यत: किसी भी यान में रुख परिवर्तन करने हेतु छोटे-छोटे रुख परिवर्तक इंजन लगे रहते हैं। (चित्र 3.10)

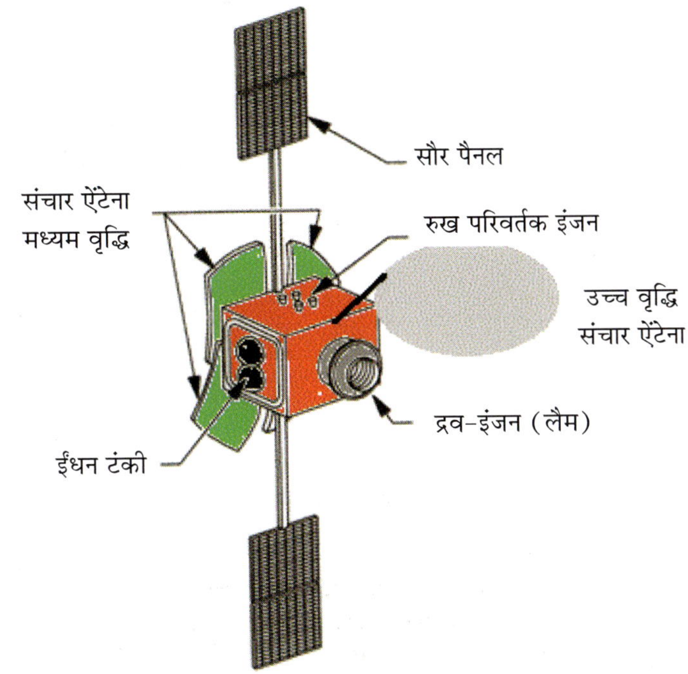

चित्र 3.10 : अंतरिक्ष यान एवं उसकी प्रमुख उप-प्रणलियाँ

इसमें दो प्रकार के ऐंटेना लगे होते हैं—उच्च वृद्धि ऐंटेना और मध्यम वृद्धि ऐंटेना। उच्च वृद्धि ऐंटेना ज्यादा सूचना कम समय में भेज सकती है, पर यह ज्यादा विशाल एवं ज्यादा ऊर्जा पर कार्यरत रहता है। वहीं मध्यम वृद्धि ऐंटेना कम सूचना भेजती है पर यह ऊर्जा किफायती होती है।

4. मंगल–एक विस्तृत परिचय

हमारे सौरमंडल में दो तरह के ग्रह हैं—स्थलीय ग्रह, जिनमें जमीन होती है और 'गैसीय ग्रह' जिनमें अधिकतर गैस होती है। मंगल भी हमारी पृथ्वी की तरह एक स्थलीय ग्रह है। मंगल ग्रह को हम 'लाल ग्रह' भी कहते हैं। यह नाम इसे अपनी पृथ्वी से दिखने वाली आभा के कारण मिला है।

चित्र 4.1 : हब्बल दूरबीन द्वारा लिया गया चित्र (सौजन्य : [3])

1960 के दशक में यह माना जाता था कि मंगल ग्रह पर तरल अवस्था में जल हो सकता है। यह अनुमान मंगल के गहरे रंग के धब्बों से आवर्ती सूचनाओं पर आधारित था। मंगल के ध्रुवीय अक्षांश जो दूरबीन से देखने पर समुद्र और महाद्वीपों का आभास कराते हैं वह वास्तव में एक भ्रम है, जो कि 1965 के 'मैरिनेर-4' मंगल मिशन के बाद निरस्त हो गया। फिर भी सौरमंडल के सभी ग्रहों की तुलना में हमारी पृथ्वी के अलावा मंगल पर ही जीवन होने के सबसे ज्यादा आसार हैं।

वर्तमान में मंगल ग्रह की कक्षा में पाँच कार्यशील अंतरिक्ष यान हैं—मार्स ओडिसी, मार्स एक्सप्रेस, मेवन, मार्स रेकोंस्सै ऑर्बिटर और मंगल यान। मंगल पर फिलहाल दो सक्रिय रोवर भी हैं—क्यूरियोसिटी और ऑपरच्युनिटी (दोनों ही नासा द्वारा निर्मित हैं)। उपर्युक्त कथित अंतरिक्ष यानों एवं उनसे पहले गए यानों के द्वारा एकत्रित भूवैज्ञानिक सबूत यह इंगित करते हैं कि मंगल ग्रह पर कभी बड़े पैमाने पर पानी की उपस्थिति थी। साथ में यह भी संकेत मिले हैं कि हाल ही के कुछ वर्षों में यहाँ गर्म पानी के फव्वारे फूटे हैं। इसके अलावा, मार्स ग्लोबल सर्वेयर (नासा) ने इस बात को प्रमाणित किया है कि मंगल के दक्षिणी ध्रुवों की चोटियाँ घट रही हैं।

	पृथ्वी	मंगल
सूर्य से औसत दूरी	9.30 करोड़ मील	14.2 करोड़ मील
सूर्य की परिधि में औसत गति	18.5 मील प्रति सेकेंड	14.5 मील प्रति सेकेंड
व्यास	7926 मील	4220 मील
अक्षीय झुकाव	23.5 डिग्री सेल्सियस	25 डिग्री सेल्सियस
वर्ष की अवधि	365.25 दिन	676.9 पृथ्वी के दिन
दिन की लंबाई	23 घंटे 56 मिनट	24 घंटे 37 मिनट
गुरुत्व (पृथ्वी की तुलना में)	1	0.375
औसत तापमान	14 डिग्री सेल्सियस	–30 डिग्री सेल्सियस
वायुमंडल	नाइट्रोजन, ऑक्सीजन	कार्बन डाइऑक्साइड, जल–वाष्प

तालिका 4.1 : आँकड़ों में मंगल और पृथ्वी

पृथ्वी की तुलना में मंगल ग्रह सूर्य से अधिक दूरी पर है और इसकी कक्षा अधिक अंडाकार है। जिसके फलस्वरूप यहाँ सूर्य की ऊर्जा कम पहुँचती है और एक वर्ष में ज्यादा तब्दील मात्रा में पहुँचती है। जैसा कि चित्र 4.2 में दिखाया गया है। मंगल ग्रह में सौर विकिरण 715–470W/m^2 तक पहुँचती है जो कि पृथ्वी से लगभग आधी और एक वर्ष के अंतराल में अधिक घटती–बढ़ती रहती है।

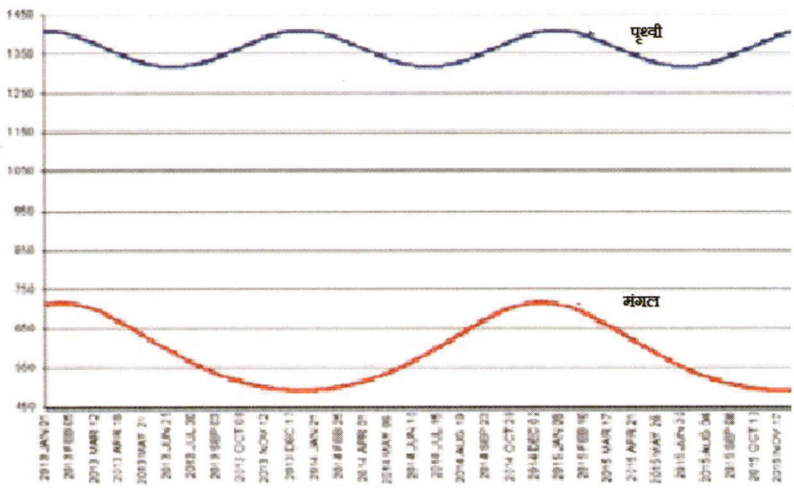

चित्र 4.2 : एक वर्ष में पृथ्वी और मंगल ग्रह पर पहुँचने वाली सूर्य की ऊर्जा की तुलना (सौजन्य : 'इसरो')

4.1 इतिहास में मंगल

मंगल को सबसे पहले 1500 ई.पू. में चिह्नित किया गया था। बेबीलोनवासी 400 ई.पू. से ही खगोल

विज्ञान पढ़ते आ रहे हैं। इन्होंने ही सबसे पहले मंगल को देखा था। वे मंगल को नेर्गाल के नाम से जानते थे। 'नेर्गाल' का अर्थ हिंदी में 'संघर्षों का राजा' होता है। मिस्रवासी मंगल को 'हेर देचर', 'वह लाल तारा' के नाम से जानते थे। यूनानियों ने मंगल को अपने युद्ध का देवता माना और उसे 'एरीज' नाम दिया, जबकि रोमन ने इसे ढाल और तलवार का चिह्न मानकर 'मार्स' नाम दिया।

इतिहास के पन्नों से

यूनानियों की पुराण के अनुसार 'एरीज', 'युद्ध का देवता', जो कि 'जीउस' और 'हीरा' के पुत्र थे। एरीज के माता-पिता उन्हें बेहद नापसंद करते थे, क्योंकि वे हत्यारे थे और हिंसा के प्रतीक थे। इस वजह से यूनानी भी एरीज को पसंद नहीं करते थे। रोमन जो कि युद्ध की महिमा गाते थे, वे एरीज को शूरवीर और शक्तिशाली समझते थे और उनकी पूजा करते थे।

दानिश खगोल विज्ञानी ट्य्चो ब्राहे ने 1500 ईस्वी में आश्चर्यजनक रूप से मंगल की स्थिति का 4 चाप मिनट की शुद्धि से पता लगाया। उन्होंने यह करिश्मा टेलीस्कोप के आविष्कार से 20 वर्ष पहले ही कर दिया था। जब दूरबीन का आविष्कार हुआ तब मंगल ग्रह का सर्वप्रथम अवलोकन गैलीलियो ने किया। कुछ ही समय पश्चात् दानिश खगोल विज्ञानी ह्युगेंस ने अपने अवलोकनों के निष्कर्ष से यह साबित कर दिया कि मंगल का भी एक दिन लगभग 24 घंटे का होता है। सन् 1700 में प्रौद्योगिकी विकास के साथ यह ज्ञात हुआ कि मंगल के दो चंद्रमा हैं। बाद में लोगों ने यह भी अनुमान लगाया कि मंगल के ध्रुवीय इलाकों में बर्फ हो सकती है। इस जानकारी से मंगल पर जीवन के मिलने की संभावना और सशक्त हुई।

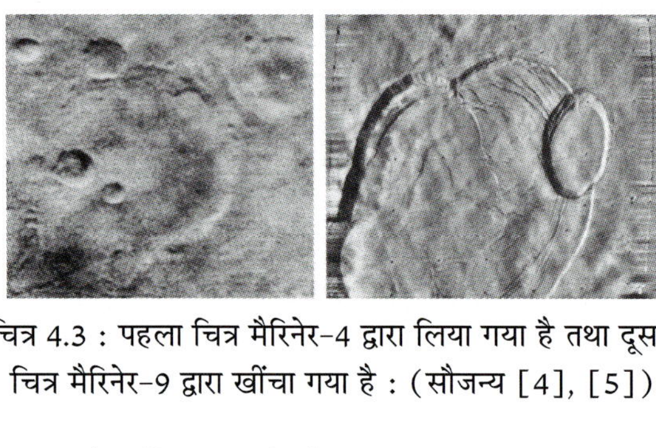

चित्र 4.3 : पहला चित्र मैरिनेर-4 द्वारा लिया गया है तथा दूसरा चित्र मैरिनेर-9 द्वारा खींचा गया है : (सौजन्य [4], [5])

मंगल पर नहर

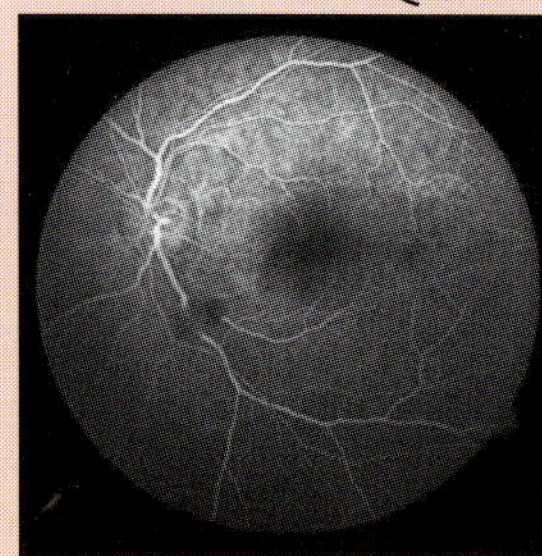

(सौजन्य : [6])

19वीं शताब्दी में खगोल वैज्ञानिकों ने दूरबीन से मंगल को देखने के बाद यह अंदाजा लगाया था कि मंगल पर नहरें हैं।

खगोल वैज्ञानिक शियापरेल्ली ने सबसे पहले इन्हें 'कनेलि' नाम दिया। कुछ लोगों का यह भी मानना था कि मंगल पर ये नहरें किसी बुद्धिमान सभ्यता के होने का संकेत है, पर 'मेरिनेर-4' के मंगल पर पहुँचने के साथ ही यह उम्मीद धराशायी हो गई।

सन् 1964 में 'मैरिनेर-4' (नासा का फ्लाईबाई मिशन) ने मंगल की 21 तस्वीरें भेजीं और कई असफल प्रयासों के बाद यह मंगल पर भेजा हुआ पहला सफल अभियान बना। इसने यह जानकारी भी भेजी कि मंगल ग्रह पर कोई चुंबकीय क्षेत्र नहीं है एवं यहाँ के वातावरण का दबाव धरती पर मौजूद वातावरणीय दबाव से बहुत कम है। कुछ ही सालों बाद 'मैरिनेर-9' मंगल ग्रह की कक्षा में पहुँचा और उसका पहला कृत्रिम उपग्रह बना। 'मैरिनेर-9' द्वारा भेजी गई जानकारी से यह ज्ञात हुआ कि मंगल पर धूल भरे तूफान उठते रहते हैं। जब यह यान मंगल की कक्षा में पहुँचा तब मंगल की सतह पर धूल भरा तूफान था। यह तूफान एक महीने बाद खत्म हुआ और तब 'मैरिनेर-9' ने ज्वालामुखी और खाई वाले मंगल की तस्वीरें भेजीं। उस समय सबसे ज्यादा चौंकाने वाली बात यह थी कि इस सूखे ग्रह पर नदियों के तल के निशान जैसे चिह्न थे। तब से लेकर अब तक मंगल पर भेजे गए अभियानों से यह ज्ञात हुआ है कि मंगल पर वर्तमान में कोई जीवन मौजूद नहीं है। इन अभियानों की विस्तृत चर्चा आगे के अध्यायों में की जाएगी।

4.2 मंगल की भौतिक विशेषताएँ

चित्र 4.4 : पृथ्वी की मंगल से तुलना (सौजन्य : [7])

मंगल का व्यास, पृथ्वी के व्यास का लगभग आधा है। यह पृथ्वी से कम घना है, इसका आयतन पृथ्वी के आयतन का 15% है और द्रव्यमान भी पृथ्वी के द्रव्यमान का 11% है। इसका सतही क्षेत्रफल पृथ्वी की कुल शुष्क भूमि से थोड़ा सा कम है। मंगल और बुद्ध दोनों ग्रहों का सतही गुरुत्वीय खिंचाव लगभग एक समान है। ऐसा इसलिए है, क्योंकि मंगल बुध से बड़ा और अधिक भारी है, पर बुध का घनत्व ज्यादा है। सतह पर लौह ऑक्साइड (फेरिक ऑक्साइड) होने के कारण मंगल को यह लाल-नारंगी रंग मिला है। इस लौह आक्साइड को सामान्यत: हैमेटाइट के रूप में जाना जाता है। कहीं-कहीं पर इसकी सतह का रंग भूरा, सुनहरा और हरे रंग का दिखता है, जो कि इसके सतही खनिजों को दर्शाता है।

4.3 मंगल का भूविज्ञान

मंगल एक स्थलीय ग्रह है, जिसकी सतह सिलिकॉन और ऑक्सीजन युक्त खनिज, धातु और अन्य तत्वों से बनी हुई है। मंगल ग्रह की सतह मुख्यत: थियोलिटिक बेसाल्ट (बेसाल्ट एक प्रकार का पत्थर है, जो कि ज्वालामुखी के लावे के पिघलने से बनता है) से बनी है, हालाँकि ये हिस्से प्रारूपिक बेसाल्ट से अधिक सिलिका-संपन्न हैं और पृथ्वी पर मौजूद सिलिका ग्लास के समान हो सकते हैं। मंगल ग्रह के भूवैज्ञानिक इतिहास को कई अवधियों में विभाजित किया जा सकता है, जिनमें निम्नलिखित तीन प्राथमिक हैं—

नोएचियन काल (नोएचिस टेरा से नामित)—यह आज से 4.5 अरब वर्ष पूर्व से लेकर 3.5 अरब वर्ष पूर्व तक की एक अवधि है। इस दौरान मंगल ग्रह की सबसे पुरानी मौजूदा सतहों का गठन हुआ था। नोएचियन काल के दौरान मंगल की सतह पर कई बड़े संघातों द्वारा दिए गए जख्मों के निशान हैं। थार्सिस उभार जो कि एक ज्वालामुखीय उच्चभूमि है, यह इस काल के दौरान ही बनी हुई समझी जाती है।

pH = यह वह मापन है, जिससे किसी द्रव के अम्लीय या क्षारीय होना ज्ञात होता है।

क्षारीय pH>7

अम्लीय pH>7

न्यूट्रल pH>7

हेस्पेरियन काल (हेस्पेरिया प्लैनम से नामित)—यह 3.5 अरब वर्ष पूर्व से लेकर 3 अरब वर्ष पूर्व तक की अवधि है। इस काल के दौरान मंगल पर विशाल लावा मैदानों का गठन हुआ था।

अमेजोनियन काल (अमेजोनिस प्लेनिसिया से नामित)—यह 2.1-3.3 अरब वर्ष पूर्व से वर्तमान तक की अवधि है। हमारे सौरमंडल का सबसे ऊँचा पर्वत 'ओलम्पस मोन्स' इसी अवधि के दौरान बना था। कुछ भूवैज्ञानिक गतिविधियाँ अभी भी मंगल पर जारी हैं।

4.4 मंगल की मिट्टी

फीनिक्स लैंडर द्वारा प्राप्त आँकड़ों से यह पता चला है कि मंगल की मिट्टी थोड़ी क्षारीय है तथा इसमें मैग्नीशियम, सोडियम, पोटेशियम और क्लोराइड जैसे तत्व मिले हुए हैं। ये पोषक तत्व हमारी धरती पर पाए जानेवाले पेड़-पौधों के विकास के लिए आवश्यक हैं। फीनिक्स के द्वारा किए गए प्रयोगों से यह पता चला है कि मंगल की मिट्टी का पी-एच. (pH) 7.7 है तथा इसमें लवण परक्लोरेट के अंश हो सकते हैं।

4.5 जल

कम वायुमंडलीय दाब की वजह से मंगल की सतह पर तरल जल मौजूद नहीं है। निम्न उच्चतांशों पर दोनों ध्रुवीय बर्फीली चोटियाँ मोटे तौर पर जल से बनी हुई प्रतीत होती हैं। यदि ऐसा सच हुआ तो दक्षिणी ध्रुव की बर्फीली चोटी की बर्फ के पिघलने पर पूरे ग्रह की सतह को 11 मीटर गहरे पानी से ढक देगी। बर्फ की विशाल मात्रा मंगल के मोटे क्रायोस्फेयर (धरती का वह हिस्सा जिसमें पानी जमीं अवस्था में हो) के नीचे फँसी हुई प्रतीत होती है। मार्स एक्सप्रेस और मंगल टोही कक्षीय यान से प्रेषित रडार के आँकड़े दोनों

ध्रुवों और मध्य अक्षांशों पर बर्फ की बड़ी मात्रा को दर्शाते हैं। परंतु मंगल ग्रह की बर्फ शुष्क बर्फ (जमी हुई CO_2) से बनी हुई है। मंगल की दार्शिक भू-रचनाएँ दृढ व्याख्यान करती हैं कि इस ग्रह की सतह पर कभी-न-कभी तरल जल विद्यमान रहा होगा।

4.6 मंगल की ध्रुवीय टोपियाँ

मंगल की सतह पर दो स्थायी ध्रुवीय बर्फ टोपियाँ हैं। ध्रुव की सर्दियों के दौरान ये लगातार अँधेरे में रहती हैं, जिससे सतह पर CO_2 बर्फ की परतें जम जाती हैं। जब ध्रुव फिर से सूर्य के प्रकाश से उज्ज्वल होता है तब जमी हुई CO_2 का उर्ध्वपतन होता है। इससे तूफानी हवाओं का निर्माण होता है, जो ध्रुवों पर 400 किमी/घंटे की रफ्तार से चलती हैं। यह मौसमी परिवर्तन बड़ी मात्रा में धूल और जलवाष्प का परिवहन करते हैं, जो पृथ्वी की तरह ही मंगल पर तुषार और बड़े बादलों को जन्म देते हैं।

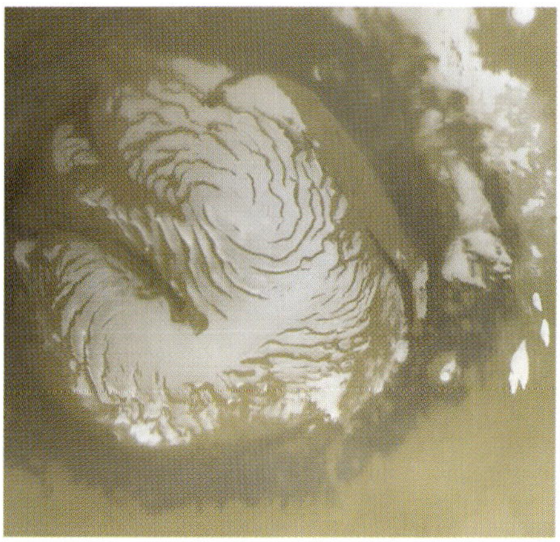

चित्र 4.5 : मंगल की दक्षिणी ध्रुवीय टोपी (बाएँ) एवं उत्तरी बर्फ टोपी (दाएँ) (सौजन्य : [8], [9])

दोनों ध्रुवों पर ध्रुवीय टोपियाँ मुख्यत: शुष्क बर्फ से बनी हुई हैं। दोनों ध्रुवीय टोपियाँ सर्पिल (स्पाइरल) हैं। यह अधोगामी (पर्वत से नीचे की ओर चलने वाली) हवाओं का एक परिणाम है और कोरिओलिस प्रभाव (घूर्णन करते हुए फ्रेम में किसी भी चलने वाली वस्तु पर लगने वाले बल) की वजह से सर्पिल है।

दक्षिणी बर्फ टोपी के पास के कुछ इलाकों में तुषाराच्छादन (फ्रोस्टिंग) की वजह से जमीन के ऊपर शुष्क बर्फ की 1 मीटर मोटी पारदर्शी परत निर्मित हो जाती है। बसंत के आगमन के साथ धूप ऊपरी सतह को गर्म कर देती है और वाष्पीकृत CO_2 परत के नीचे से दबाव बनाती है, जिससे वह ऊपर उठती है और अंतत: इसको तोड़ देती हैं। यह प्रक्रिया काली बेसाल्ट की रेत या धूल के साथ मिश्रित CO_2 के ऊष्ण जल स्रोत सदृश विस्फोट को जन्म देती है। यह प्रक्रिया तेजी से होती है और कुछ दिनों, सप्ताहों या महीनों में अंतरिक्ष में घटित होती देखी जा सकती है। ऊष्ण जल स्रोत के स्थान पर परत के नीचे की गैस तेजी से दौड़ती है जो बर्फ के अंदर त्रिज्यीय वाहिकाओं को एक मकड़ी जैसी आकृति देती है।

4.7 मंगल का भूगोल

मंगल का विषुववृत्त (अक्षांश और देशांतर) इसके घूर्णन द्वारा परिभाषित है, लेकिन इसकी प्रमुख मध्याह्न रेखा को एक मनमाने बिंदु के चुनाव द्वारा निर्धारित किया गया था, ठीक उसी तरह जैसे पृथ्वी के लिए ग्रीनविच। मैडलर और बियर ने मंगल के पहले नक्शे के लिए एक ऐसी ही रेखा का चयन किया था। मंगल का व्यापक चित्रण, 1980 के दशक में अंतिरक्ष यान 'मैरिनेर-9' के मंगल पहुँचने के बाद ही हुआ है। उसके बाद सिनस मेरिडियन (मध्य खाड़ी या मेरिडियन खाड़ी) में स्थित एक छोटे से क्रेटर (जिसे 'एआरी-0' कहा जाता है) को 0.0° देशांतर की परिभाषा के लिए निर्धारित किया गया था।

चूँकि मंगल पर कोई समुद्र नहीं है, इसलिए कोई 'समुद्र स्तर' भी परिभाषित नहीं है और एक शून्य-उन्नतांश सतह को संदर्भ के रूप में चयनित किया गया है। इसे मंगल का 'एरोइड' भी कहा जाता है। शून्य उच्चतांश को उस ऊँचाई द्वारा परिभाषित किया गया है, जहाँ पर 610.5 पास्कल का वायुमंडलीय दबाव हो। यह दबाव जल के त्रिगुण बिंदु से मेल खाता है और पृथ्वी पर समुद्र स्तर के दबाव (0.006 एटीएम) का लगभग 0.6% है।

चित्र 4.6 : ऑपरच्युनिटी से ली गई विक्टोरिया क्रेटर की छवि (सौजन्य : [10])

4.8 आघात स्थलाकृति

मंगल ग्रह की द्विभाजित स्थलाकृति असाधारण है। उत्तरी मैदान लावा प्रवाहों की वजह से सपाट है। इसके विपरीत, दक्षिणी उच्चभूमि, गड्ढों और प्राचीन आघातों द्वारा दागदार है। एक मत के अनुसार, चार अरब वर्ष पहले हमारे चंद्रमा के आकार के लगभग दो-तिहाई तक के एक क्षुद्रग्रह ने मंगल ग्रह के उत्तरी गोलार्ध पर आघात किया। अनुमान यह है कि इसने मंगल के उत्तरी गोलार्ध को बनाया होगा। आश्चर्यजनक रूप से दक्षिणी ध्रुव की ऐटकेन घाटी आघात से उत्पन्न सौरमंडल की सबसे बड़ी घाटी है।

मंगल पर बड़ी संख्या में आघात के गड्ढे दिखाई देते हैं। मंगल पर 5 कि.मी. या इससे अधिक व्यास के कुल 43000 गड्ढे पाए गए हैं। इनमें से सबसे बड़ी हेलास आघात घाटी है, जो पृथ्वी से एक फीकी धवल आकृति के रूप में नजर आती है। मंगल के कम द्रव्यमान के कारण मंगल ग्रह के साथ किसी वस्तु के टकराने की संभावना पृथ्वी की तुलना में आधी है। मंगल की स्थिति क्षुद्रग्रह पट्टे के करीब है, इसीलिए इसकी उस स्रोत के मलबे द्वारा प्रहारित होने की संभावना अधिक है। बृहस्पति की कक्षा के भीतर मौजूद लघु-अवधि धूमकेतुओं के द्वारा मंगल पर इसी तरह के प्रहार होने की संभावना और अधिक है। किंतु मंगल का वायुमंडल छोटी उल्काओं के प्रहार से उसको संरक्षण प्रदान करता है जिस वजह से हमारे चंद्रमा की तुलना में मंगल पर कम गड्ढे हैं।

4.9 विवर्तनिक स्थल

ओलम्पस मोन्स (ओलम्पस पर्वत) जो सौरमंडल में ज्ञात सबसे बड़ा पर्वत है, यह एक 26 कि.मी. ऊँचा ज्वालामुखी है। ओलम्पस मोन्स, पृथ्वी के 8.8 कि.मी. ऊँचे माउंट एवरेस्ट से तीन गुना से भी ज्यादा ऊँचा है।

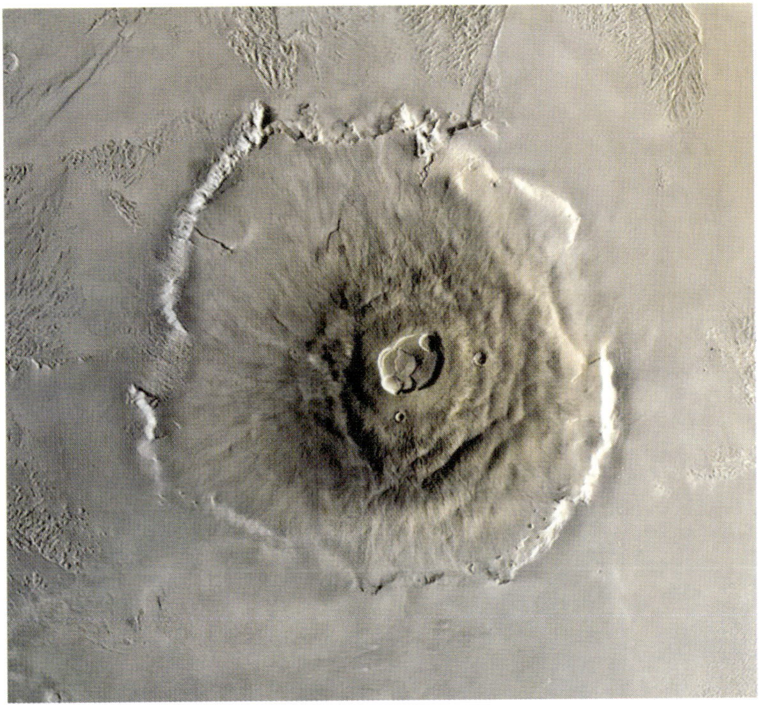

चित्र 4.7 : शीर्ष से ओलम्पस मोन्स के शिखर का दृश्य, सौरमंडल में ज्ञात सर्वोच्च पर्वत (सौजन्य : [11])

'वैल्स मेरिनेरिस' मंगल की एक बड़ी घाटी है, जिसकी लंबाई 4000 कि.मी. और गहराई 7 कि.मी. है। 'वैल्स मेरिनेरिस' की लंबाई यूरोप की लंबाई के बराबर है तथा यह मंगल की परिधि के पाँचवें भाग जितनी फैली हुई है।

4.10 वायुमंडल

मंगल ने अपना 'मेग्नेटोस्फेयर' 4 अरब वर्ष पहले खो दिया था। इसलिए सौर-वायुमंडल के आयनमंडल के साथ सीधे संपर्क करती है, जिससे इसकी ऊपरी परत से परमाणु बिखरकर दूर हो रहे हैं। इस वजह से इसका वायुमंडलीय घनत्व कम हो रहा है। 'मार्स ग्लोबल सर्वेयर' और 'मार्स एक्सप्रेस', दोनों ने इसके आयनित वायुमंडलीय कणों का पता लगाया था, जो कि अंतरिक्ष में मंगल के आस-पास फैल रहे हैं। पृथ्वी की तुलना में, मंगल ग्रह का वातावरण काफी विरल है (चित्र 4.9), क्योंकि इसकी सतह पर केवल 600 पास्कल का

औसत वायुमंडलीय दाब है। मंगल की सतह का दबाव पृथ्वी की सतह से 35 कि.मी. ऊपर पाए जाने वाले दबाव के बराबर है।

चित्र 4.8 : निम्न कक्षा छवि में मंगल का पतला वातावरण क्षितिज पर दिखाई पड़ रहा है (सौजन्य : [12])

मंगल का वायुमंडल 95% कार्बन डाइऑक्साइड, 3% नाइट्रोजन, 1.6% आर्गन से बना है। इसके वायुमंडल में ऑक्सीजन और पानी के मौजूद होने के कुछ संकेत भी हैं। इसका वातावरण काफी धूल भरा है, जो मंगल के आसमान को एक गहरा पीला रंग देता है।

4.11 जलवायु

पृथ्वी के समान घूर्णन एवं अक्षीय झुकाव के कारण मंगल पर ऋतुएँ ज्यादातर पृथ्वी के जैसी हैं। मंगल की ऋतुओं की लंबाई पृथ्वी की अपेक्षा लगभग दोगुनी है क्योंकि इसका आवर्त काल भी दोगुना है। मंगल की सतह का तापमान विविधतापूर्ण है, जैसे कि ध्रुवीय सर्दियों के दौरान तापमान लगभग−78°C से लेकर गर्मियों में −5°C तक रहता है। इस व्यापक तापमान विस्तार के प्रमुख कारण निम्न वायुमंडलीय दाब, निम्न तापीय जड़त्व और पतला वायुमंडल है। विरल वातावरण के कारण यह ज्यादा सौर ताप संग्रहित नहीं कर सकता है। यह ग्रह पृथ्वी की तुलना में सूर्य से 1.52 गुना अधिक दूर है, परिणामस्वरूप पृथ्वी की तुलना में यहाँ मात्र 43% सूर्य प्रकाश की मात्रा पहुँच पाती है।

चित्र 4.10 : मंगल ग्रह (हबल अंतरिक्ष दूरदर्शी) दृश्य धूल के तूफान के साथ (सौजन्य : [13])

तुलनात्मक रूप से मंगल की बड़ी कक्षीय विकेंद्रता मंगल की ऋतुओं पर एक महत्वपूर्ण प्रभाव डालती है। मंगल जब उपसौर के नजदीक होता है तब दक्षिणी गोलार्ध में गर्मी और उत्तर में सर्दी होती है और जब अपसौर के नजदीक होता है तब दक्षिणी गोलार्ध में सर्दी और उत्तर में गर्मी होती है। परिणामस्वरूप, दक्षिणी गोलार्ध में मौसम अधिक चरम और उत्तरी गोलार्ध में मौसम सामान्य होता है।

4.12 मंगल के प्राकृतिक उपग्रह

मंगल के दो छोटे प्राकृतिक चंद्रमा हैं—फोबोस और डिमोज। पृथ्वी के चंद्रमा की तुलना में इनकी कक्षा मंगल ग्रह के ज्यादा करीब है। इन क्षुद्रग्रहों की उत्पत्ति के बारे में कोई जानकारी मौजूद नहीं है। दोनों उपग्रह 'असाफ हाल' द्वारा खोजे गए थे और उनके नाम ग्रीक पौराणिक कथाओं में 'एरीज' के पुत्र फोबोस (डर) और डिमोज (आतंक) पर रखे गए हैं।

चित्र 4.11 : फोबोस (सौजन्य [14])

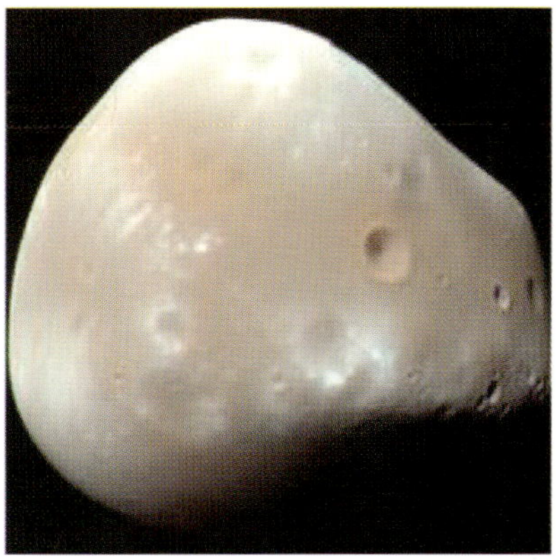

डिमोज (सौजन्य : [15])

मंगल ग्रह की सतह से, फोबोस और डिमोज का उदय और अस्त हमारे अपने चाँद की अपेक्षा काफी अलग दिखाई देता है। फोबोस पश्चिम में उदय होता है एवं पूर्व में अस्त होता है और 11 घंटे बाद फिर से उदित होता है। डिमोज की कक्षीय अवधि उसकी घूर्णन अवधि से मेल खाती है। यह पूर्व से बहुत धीरे–धीरे उदित होता है एवं इसका आवर्त काल 30 घंटे का है। इसके बावजूद, यह पश्चिम में अस्त होने के लिए 2.8 दिन लेता है क्योंकि यह मंगल ग्रह की घूर्णन दिशा में साथ–साथ घूमते हुए धीरे से डूबता है और फिर से उदय के लिए इसी तरह लंबा समय लेता है।

5. मंगल मिशन का ऐतिहासिक विकास

हमने पृथ्वी के सबसे निकट पड़ोसी मंगल ग्रह को समझने के लिए दर्जनों प्रयत्न किए हैं। जानकारी एकत्रित करने के लिए हमने अनेक तरह के अंतरिक्ष यान मंगल पर भेजे—फ्लाईबाई, कक्षीय यान (ऑर्बिटर) और लैंडर। लैंडर दो प्रकार के होते हैं—कुछ स्थिर और कुछ सतह पर घूमने योग्य (रोवर)। मंगल तक पहुँचने में पहली सफलता 1965 में फ्लाईबाई के द्वारा प्राप्त हुई। इस सफलता के पश्चात् कई संस्थाओं ने मंगल पर पहुँचने के अनेक प्रयास किए, जिसमें से कुछ सफल रहे और कुछ असफल। अभी तक केवल चार संस्थाओं ने ही मंगल तक पहुँचने की कला में सिद्धि प्राप्त की है—नासा, सोवियत संघ, यूरोपीय अंतरिक्ष एजेंसी और भारतीय अंतरिक्ष अनुसंधान संगठन (इसरो)।

नासा द्वारा निर्मित रोवर क्यूरियोसिटी को मंगल की सतह पर ऐसे खानिज पदार्थ मिले, जो धरती पर मिलने वाले खनिज के समान हैं। वहीं दूसरी तरफ भारत ने मंगल यान के सफल प्रमोचन से कई तस्वीरें और उपयोगी आँकड़े हासिल किए हैं। यह मिशन भारत के लिए ऐतिहासिक मिशन इसलिए रहा है, क्योंकि भारत पहला राष्ट्र है जो पहली बार में ही सफलतापूर्वक मंगल ग्रह तक पहुँचने में कामयाब रहा।

फ्लाईबाई

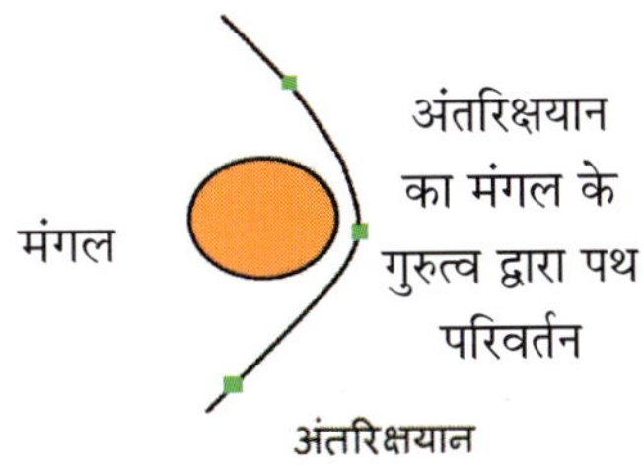

किसी अंतरिक्ष यान का किसी भी ग्रह के पास (बल क्षेत्र) से गुजरने की घटना को फ्लाईबाई कहते हैं। फ्लाईबाई के दौरान अंतरिक्ष यान की राह ग्रह के निकट से गुजरकर उसके बल क्षेत्र के कारण परिवर्तित हो जाती है।

5.1 फ्लाईबाई

पहले कृत्रिम उपग्रह 'स्पुतनिक' का 1957 में प्रमोचन हुआ, जिसके तीन साल बाद सोवियत संघ मंगल ग्रह के अन्वेषण के लिए अपने कार्य को विस्तारित करने में लग गया। सोवियत संघ ने लाल ग्रह तक पहुँचने के लिए कई प्रयास किए और नासा ने भी अपने अंतिरक्ष यान मैरिनेर की शृंखला द्वारा कोशिश जारी रखी। सोवियत संघ ने मंगल ग्रह के अन्वेषण के उद्देश्य से 'कोरबल-4', 'कोरबल-5', 'कोरबल-11', 'मार्स-1' और 'कोरबल-13' का शुभारंभ किया, किंतु सभी अंतिरक्ष यान मात्र पृथ्वी की कक्षा तक ही पहुँचने में कामयाब हुए। जहाँ ये सारे अभियान अपने लक्ष्य तक नहीं पहुँच पाए, वहीं अमेरिकी अंतिरक्ष यान 'मैरिनेर-4' ने सबसे पहली सफलता हासिल की। 'मैरिनेर-4' का प्रक्षेपण 28 नवंबर, 1964 में हुआ, जो मंगल ग्रह पर 14 जुलाई, 1965 को पहुँचा और 21 तस्वीरें पृथ्वी को भेजने में सक्षम रहा। 'मैरिनेर-4' के प्रक्षेपण के

दो दिन बाद, सोवियत संघ ने 'जोंद-2' के साथ पुन: कोशिश की। 'जोंद-2' मंगल ग्रह की कक्षा को पारित करने में सक्षम हुआ, लेकिन इसका रेडियो विफल हो गया और यह कोई भी उपयोगी आँकड़े नहीं दे पाया।

सौरमंडल में किसी अन्य ग्रह की तुलना में मंगल ग्रह तक पहुँचने के लिए सबसे अधिक प्रयास किए गए हैं। मंगल ग्रह पर यात्रा करने के अनेक प्रयास विफल हुए हैं, पर यह वैज्ञानिकों का आत्मविश्वास ही था कि अनेक विफलताओं के बावजूद हार न मानते हुए उन्होंने मंगल ग्रह पर यान भेजना जारी रखा और आखिरकार 'मैरिनेर-4' ने सफलता प्राप्त की।

1965 की इस सफलता के बाद विभिन्न देशों के अंतरिक्ष अनुसंधान के वित्त-पोषण में बढ़ोतरी हुई, जिससे कई देश मंगल ग्रह पर विजय पाने में सफल हुए। समय की रफ्तार के साथ मंगल ग्रह को समझने का सपना अब पूर्ण होता नजर आ रहा है।

चित्र 5.1 : नासा द्वारा प्रमोचित फ्लाईबाई 'मैरिनेर-6' (सौजन्य : [16]) एवं उसका प्रक्षेपक एटलस (सौजन्य : [17])

मंगल यान 'मैरिनर-4' की पहली सफलता के बाद, नासा ने 'मैरिनर-6' और 'मैरिनर-7' का प्रक्षेपण किया। ये दोनों यान भी मंगल ग्रह पर पहुँचने में सफल रहे और इन्होंने पृथ्वी पर कई तस्वीरें भेजीं। संयोग से, इन सभी अंतरिक्ष यान ने मंगल ग्रह के उन क्षेत्रों के ऊपर उड़ान भरी जो गोल आकार के थे। इसने एक समाचार झूठा छाप दिया कि मंगल ग्रह चंद्रमा की तरह दिखता है।

सोवियत संघ ने अपने प्रयास जारी रखे, किंतु उन्हें बहुत सफलता हासिल नहीं हुई। सोवियत संघ के अधिकतर अंतरिक्ष यान या तो पृथ्वी की कक्षा तक पहुँचने में विफल रहे या ज्यादा-से-ज्यादा पृथ्वी की कक्षा हासिल करने के बाद नष्ट हो गए। कई प्रयासों के बाद 1971 में, सोवियत संघ की सफलता से मुलाकात हुई। उनके द्वारा भेजे गए लैंडर (मार्स-3) ने सतह पर कुछ वक्त के लिए काम किया, परंतु कुछ ही समय पश्चात् उसने कार्य करना बंद कर दिया।

मंगल ग्रह ही क्यों? कोई और ग्रह क्यों नहीं?

इस सवाल का जवाब कुछ इस प्रकार है। दरअसल पृथ्वी के बाद मंगल ग्रह कई कारणवश हमारे सौरमंडल में सबसे अधिक रहने योग्य ग्रह है, क्योंकि

- इसकी सतह पर पानी होने की आशंका है।
- यह न ठंडा है न यह बहुत गर्म है।
- यहाँ सोलर पैनलों का उपयोग करने के लिए पर्याप्त सूरज की रोशनी है।
- मंगल ग्रह पर गुरुत्वाकर्षण हमारी पृथ्वी का 38 प्रतिशत है, जो कि मानव शरीर के लिए पर्याप्त है।
- इसका वायुमंडल लौकिक है और सूर्य की विकिरण से सुरक्षा प्रदान करता है।
- यहाँ पृथ्वी के समान दिन-रात है। मंगल ग्रह का एक दिन 24 घंटे, 39 मिनट और 35 सेकेंड के बराबर है।

धरती की कक्षा के पास दो खगोलीय पिंड हैं—चंद्रमा और शुक्र। चंद्रमा पर जीवन पनपने के लिए महत्वपूर्ण संसाधनों की कमी है और इसका एक दिन एक महीने के बराबर है। यहाँ विकिरण को रोकने के लिए वायुमंडल नहीं है। वहीं शुक्र एक सचमुच भयावह स्थल है। शुक्र की रातें 120 दिन के बराबर हैं और इसका औसत तापमान 450 डिग्री सेंटीग्रेड है। मनुष्य प्रौद्योगिकी की मदद के बिना मंगल ग्रह पर नहीं रह सकता, लेकिन शुक्र की तुलना में यह स्वर्ग है।

5.2 वाईकिंग मिशन

फ्लाईबाई और कक्षीययान (ऑर्बिटर) द्वारा मंगल के बारे में मिली अब तक की जानकारी से यह स्पष्ट हो चुका था कि मंगल ग्रह पृथ्वी की तुलना में एक बहुत अलग ग्रह है। सोवियत संघ ने अपने मार्स अंतरिक्ष यान की श्रृंखला जारी रखी, लेकिन उन्हें केवल आंशिक सफलता प्राप्त हुई। नासा ने भी ऑर्बिटर और लैंडर भेजे—'वाईकिंग-1' और 'वाईकिंग-2'। ये दोनों ही सफलतापूर्वक मंगल ग्रह पर पहुँचे एवं वाईकिंग ने मंगल के भूगोल पर ऐसी संरचनाएँ देखीं, जिसने हमारी मंगल पर जल होने की संभावनाओं के विचार में क्रांति ला दी।

'वाईकिंग मिशन' मंगल ग्रह की पहली विस्तारित अन्वेषण का उदाहरण है। इसका कक्षीययान मंगल पर पहुँचने के पश्चात् 5 साल तक मंगल की परिक्रमा करता रहा और लैंडर 7 साल तक कार्यशील रहा। इसने सालों तक विशेष जानकारी का संचारण किया है। वाईकिंग मिशन ने फोबोस की खोज की और इसके

बारे में बहुत जानकारी दी। फोबोस मंगल ग्रह के दो प्राकृतिक उपग्रहों में से सबसे बड़ा व नजदीकी उपग्रह है तथा इसके दूसरे उपग्रह डिमोज से 6.24 गुना बड़ा है।

वैज्ञानिकों ने फोबोस पर जीवन की उम्मीद जताई, क्योंकि इसका वतावरण भी मंगल जैसा है और मंगल की वजह से इस पर उल्कापात होने की संभावना कम है (मंगल के अधिक गुरुत्वाकर्षण की वजह से उल्कापिंड मंगल की ओर आकर्षित होकर उससे टकरा जाते हैं), जिससे वहाँ पर जीवन होने की संभावना मंगल से अधिक है। यह उम्मीद तब धराशायी हुई, जब फोबोस की सतह पर जीवाणुओं के अस्तित्व नहीं मिले। इसने मंगल के वातावरण की जाँच से यह अंदाजा भी लगाया कि इसके कुछ पत्थरों की संरचना पृथ्वी पर पाए जानेवाले कुछ उल्कापिंडों के समान थी। इन सबसे साबित हो गया कि धरती पर पाए कुछ उल्कापिंड मूल रूप से मंगल ग्रह के हैं।

रोवर

नासा द्वारा प्रमोचित रोवर मार्स एक्स्प्लोरेशन औपरच्युनिटी (सौजन्य : [21])

रोवर एक अंतरिक्ष अन्वेषण वाहन है, जो कि किसी ग्रह की सतह पर चलने-फिरने योग्य होता है। इसका काम किसी ग्रह पर जाकर महत्त्वपूर्ण आँकड़े एकत्रित करना होता है। यह अपने आप में एक चलती-फिरती प्रयोगशाला होता है।

सोवियत संघ ने इसी दौरान, मंगल के चंद्रमा फोबोस पर पहुँचने के लिए 'फोबोस-1' और 'फोबोस-2' का प्रक्षेपण किया, परंतु दोनों मिशन विफल रहे।

चित्र 5.2 : वाईकिंग-1 द्वारा भेजी गई मंगल ग्रह की सतह की छवि (सौजन्य : [20])

वाईकिंग अभियान के पश्चात् लाल ग्रह पर पहुँचने का अगला प्रयास 1990 के दशक में हुआ, जब मार्स ऑब्जर्वर का प्रक्षेपण किया गया, परंतु कक्षा प्राप्त करने से 3 दिन पहले ही इससे संपर्क टूट गया। इस यान

के विफल होने का सबसे संभावित कारण द्रव्यमान टैंक का टूटना बताया जाता रहा है, जिससे अंतरिक्ष यान घूमने लगा और उसका पृथ्वी से संपर्क टूट गया। यह बहुत ही खर्चीला मिशन था नासा ने इसकी विफलता के पश्चात् प्रण लिया कि उन्नत कंप्यूटर इलेक्ट्रॉनिकी और नई टीम प्रबंधन तकनीकों के उपयोग से बेहतर, तेज और सस्ते मिशन की शुरुआत करेंगे। इस उद्देश्य को ध्यान में रखते हुए नासा ने मार्स ग्लोबल सर्वेयर को प्रक्षेपित किया। इसने मंगल ग्रह का गहन अध्ययन किया और मंगल की सतह पर पानी के होने के कई प्राचीन लक्षणों का खुलासा किया, जैसे हेमेटाईट (ऐसा खनिज जो पानी में रूप लेता है) खनिजों का मिलना।

मंगल पर चेहरे

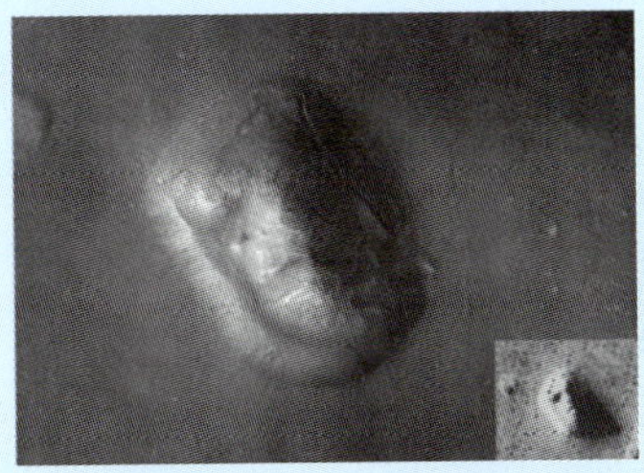

वाईकिंग द्वारा ली गई छवि (सौजन्य : [18]), 'मार्स रिकोर्से ऑर्बिटर' द्वारा जनित छवि (नीचे कोने में वाईकिंग की छवि) (सौजन्य : [19])

मंगल के 'साईडोनिया' क्षेत्र में वाईकिंग अभियान के कक्षीययान ने दो ऐसे विस्मयकारी चित्र खींचे जो मंगल ग्रह की सतह पर चेहरे के होने का आभास कराते हैं। इन चित्रों ने पूरी दुनिया का ध्यान अपनी ओर आकर्षित किया, खास करके उन वैज्ञानिकों और संगठनों का जो कि अलौकिक बुद्धिजीवियों का अध्ययन कर रहे थे। वाईकिंग अभियान के 20 साल बाद नासा ने 'मार्स सर्वेयर' और यूरोपीय स्पेस एजेंसी 'मार्स एक्सप्रेस' नाम के अंतरिक्ष यान 'साईडोनिया' क्षेत्र का पुनः विश्लेषण करने हेतु भेजे। इनके द्वारा प्राप्त उन्नत चित्रों ने यह साबित किया कि मंगल पर चेहरे कुछ और नहीं बल्कि 'प्रकाश और छाया के मेल का जादू' था। असल में ये मंगल की सतह पर पहाड़ थे, जो कि मंगल पर चेहरे होने का दृष्टि-भ्रम पैदा करते थे।

नासा के पाथफाईंडर लैंडर और सोजर्नर रोवर ने एक अलग ही मिसाल कायम की हैं। यह मंगल की सतह पर पहला रोवर था। पाथफाईंडर का मंगल पर एक महीना और सोजर्नर का एक सप्ताह तक का कार्यकाल निश्चित किया गया था। सोजर्नर तब तक का सबसे बड़ा रोवर था जिसने काफी समय तक अनेक प्रतिबिंब संचारित किए।

5.3 कक्षीययान और रोवर

नासा के दो रोवर, 'स्पिरिट' और 'ऑपरच्युनिटी' मंगल ग्रह की सतह पर 2004 में भेजे गए। 'औपरच्युनिटी' ने कई तत्वों के वितरण का विस्तृत मानचित्रण किया और कई उपयोगी आँकड़े पृथ्वी को भेजे। दोनों रोवर ने पर्याप्त सबूत प्रदान किए, जिससे यह साबित हो गया है कि किसी समय लाल ग्रह पर जल प्रवाहित हुआ करता था। 'स्पिरिट' मार्च 2010 में निष्क्रिय हो गया, परंतु 'ऑपरच्युनिटी' अभी भी काम कर रहा है। यह अपेक्षित है कि सन् 2015 तक 'ऑपरच्युनिटी' मंगल ग्रह पर एक 41 किलोमीटर की मैराथन दूरी (26 मील) तय कर लेगा।

नासा का अगला ऑर्बिटर मार्स रेकोंस्सै (चित्र 2.7 में प्रदर्शित है) 12 अगस्त, 2005 में प्रक्षेपित किया गया था। इस अंतरिक्ष यान ने 25,000 से भी अधिक छवियाँ और 3,500 तेजोन्वेष (रडार) टिप्पणियाँ भेजीं। इसने मंगल की ध्रुवीय बर्फ की चोटियों एवं पानी की मात्रा नापी, नए क्रेटेरों में बर्फ की खोज की और अन्य महत्वपूर्ण आँकड़े पृथ्वी को भेजे।

क्रेटर या 'आघात स्थलाकृति'

किसी धूमकेतु से या किसी भी खगोलीय पिंड के किसी ग्रह से होने वाले टकराव से बनने वाले गड्ढे को हम क्रेटर या 'आघात स्थलाकृति' कहते हैं।

चित्र 5.3 : नासा द्वारा प्रमोचित कक्षीययान मार्स ओडिसी (सौजन्य : [22])

रूस ने फोबोस तक पहुँचने के लिए 'फोबोस-ग्रंट' मिशन द्वारा एक और प्रयास किया। यह यान 2011 में प्रमोचित किया गया था, परंतु 15 जनवरी, 2012 में पृथ्वी की कक्षा छोड़ने में नाकाम होते ही दुर्घटनाग्रस्त हो गया।

गेल क्रेटर क्या है?

गेल क्रेटर मंगल ग्रह की सतह पर एक लगभग परिपत्र अवसाद है। करीब 3.8 बिलियन साल पहले, प्रारंभिक इतिहास में मार्स जब एक उल्का से टकराया था तब गेल क्रेटर का निर्माण हुआ। उल्का के प्रभाव से इलाके में एक गुफा बन गई और बाद में विस्फोट के प्रभाव से चट्टान और मिट्टी निकलकर गड्ढे के चारों ओर इकट्ठा हो गई। वैज्ञानिकों ने गेल को क्यूरियोसिटी का अवतरण कार्यस्थल चुना, क्योंकि इस पर कई संकेत हैं कि मंगल पर पानी इतिहास में मौजूद था। हम यह जानते हैं कि जल जीवन का एक महत्वपूर्ण घटक है। मंगल की चट्टानों में दर्ज किया गया पानी का इतिहास, क्यूरियोसिटी को सुराग दे रहा है कि मंगल ग्रह कभी जीवाणुओं या छोटे जीवन रूपों के लिए उत्पत्ति-स्थान रहा होगा। गेल खास है, क्योंकि दोनों खनिज—चिकनी मिट्टी और सल्फेट (जो पानी पाए जाते हैं) गेल पर पाए गए हैं। गेल व्यास में 154 किमी (96 मील) तक फैला हुआ है। गेल एक ऐसा विशाल टीला है, जिसके केंद्रीय शिखर के आसपास तलछटी मलबे हैं, जो इओलिस मॉन्स (माउंट शार्प के नाम से लोकप्रिय हैं) के नाम से श्रुत हैं। यह टीला स्तरित सामग्री से बना हुआ है और लगभग 2 अरब साल की अवधि से मौजूद है। इस टीले की उत्पत्ति निश्चित रूप से नहीं बताई जा सकती, परंतु अनुसंधान से पता चला है कि यह तलछटी परतों का शेष है।

इसके बाद नासा ने अब तक का सर्वाधिक शक्तिशाली रोवर क्यूरियोसिटी प्रक्षेपित किया, जो गेल क्रेटर पर अवतरित हुआ। इस रोवर को मंगल पर रहने योग्य वातावरण के चिह्नों की खोज करने के लिए भेजा गया था। यह रोवर मंगल की सतह पर मीथेन का पता लगाने, पानी और कार्बनिक यौगिकों को खोजने के मकसद से बनाया गया था। इस रोवर के बारे में विस्तृत जानकारी अगले अध्याय में दी गई है।

6. क्यूरियोसिटी—मानव जिज्ञासाओं का उत्तर

26 नवंबर, 2011 को फ्लोरिडा के केप कनैवरल से अब तक के सबसे आधुनिक रोवर, क्यूरियोसिटी को मंगल की ओर प्रक्षेपित किया गया। आठ महीने से भी अधिक समय के लंबे सफर के बाद यह रोवर 6 अगस्त, 2012 को मंगल की सतह पर उतरा।

चित्र 6.1 : मंगल की सतह पर क्यूरियोसिटी पर लगे मास्ट कैमरा द्वारा ली गई तस्वीर (सौजन्य : [23])

क्यूरियोसिटी को लाल ग्रह पर भेजने का मुख्य लक्ष्य मंगल ग्रह पर जीवन पनपने की संभावना को खोजना है। साथ ही, इस रोवर द्वारा मंगल के वातावरण के बारे में एकत्रित की गई जानकारी का प्रयोग भविष्य में मानव को मंगल ग्रह पर भेजने की तैयारी के लिए किया जा सकेगा। अनेक अत्याधुनिक वैज्ञानिक उपकरणों से सुसज्जित नासा के इस महत्वाकांक्षी रोवर का वजन लगभग 900 किलोग्राम और आकार एक छोटी एस.यू.वी. के समान है। क्यूरियोसिटी के रूप में नासा ने एक चलती-फिरती प्रयोगशाला ही मंगल पर भेज दी है। तभी नासा इस मिशन को मार्स साइंस लेबोरेटरी (एम.एस.एल.) या मंगल ग्रह विज्ञान प्रयोगशाला कहती है। नासा की जेट प्रोपल्शन लेबोरेटरी में इंजीनियर्स ने इस रोवर को 25 इंच (65 सेंटीमीटर) तक ऊँची बाधाओं को पार करने और प्रतिदिन 660 फीट (200 मीटर) की यात्रा करने के योग्य बनाया है। रोवर की ऊर्जा का स्रोत प्लूटोनियम के रेडियोधर्मी क्षय से उत्पन्न गर्मी है, जिसे बिजली में परिवर्तित कर रोवर को चलाया जा रहा है। परंतु क्यूरियोसिटी के भारी वजन और बड़े आकार के चलते उसकी लैंडिंग पहले भेजे गए रोवर की तरह नहीं की जा सकती थी। पहले की तरह यदि लैंड-बैग खोल, रोवर को मंगल की सतह पर लुढ़काकर लैंडिंग की जाती तो वजनी क्यूरियोसिटी को क्षति पहुँचना निश्चित था। अत: इस बार एक नई विधि निर्धारित की गई। वायुमंडल में यान की ज्वलंत प्रविष्टि के बाद, एक सुपरसोनिक पैराशूट अंतिरक्ष यान को धीमा करने के लिए खोला गया था। इसके उपरांत, यान द्वारा अपनी हीट-शील्ड (गर्मी से बचाव के लिए ढाल) का त्याग करना तय हुआ, जिससे रडार सतह से यान की सही ऊँचाई माप सके। परंतु पैराशूट यान की गति को 200 मील प्रति घंटे (322 किलोमीटर प्रति घंटा) तक ही धीमा कर पाने में सक्षम थे, जो लैंडिंग के लिए अभी

भी बहुत तेज था। इस समस्या को हल करने के लिए इंजीनियरों ने एक ऐसी असेंबली बनाई, जो पैराशूट को उचित ऊँचाई पर काट दे। तत्पश्चात् लैंडिंग के अंतिम चरण में गति को न्यूनतम स्तर पर लाने के लिए रॉकेटों का इस्तेमाल किया गया। परंतु समस्या अभी भी पूरी तरह सुलझी न थी। लैंडिंग के समय रॉकेट के चलने से उठने वाली ढेर सारी धूल रोवर व उस पर लगे उपकरणों को खराब कर देने के लिए काफी होती। अतः सतह से लगभग 60 फीट (18 मीटर) ऊपर, एम.एस.एल. के 'स्काईक्रेन' को तैनात किया गया। इस क्रेन के 20 फीट (6 मी.) लंबे तार की मदद से रोवर को रॉकेट से नीचे लटकाया गया। अंततः 1.5 मील प्रति घंटा (2.4 किलोमीटर प्रति घंटा) की रफ्तार से एम.एस.एल. ने सतह को छुआ। उसी क्षण स्काईक्रेन के तार कट गए और वह अपने रॉकेटों की सहायता से उड़कर सुरक्षित दूरी पर जा गिरा। मंगल के वायुमंडल से उसकी सतह तक की सात मिनट की लैंडिंग का यह जटिल अनुक्रम पूरी तरह से स्वचालित था। नासा के वैज्ञानिकों के लिए यह सात भयावह मिनट या 'सेवन मिनेट्स ऑफ टेरर' थे, क्योंकि लैंडिंग के इन सात मिनटों में ही आर या पार का फैसला होना था, जिसके अंत में उन्हें सफलता हाथ लगी।

6.1 लैंडिंग स्थल

नासा के मार्स साइंस लेबोरेटरी मिशन की लैंडिंग के लिए लक्षित क्षेत्र, चित्र संख्या 3.2 में गेल क्रेटर की छवि पर चिह्नित हैं। कक्षा से सीधे नीचे देखने पर क्रेटर कुछ ऐसा नजर आता है। लक्षित दीर्घवृत्त 12 मील लंबा और 4 मील चौड़ा है। लैंडिंग के उपरांत रोवर दीर्घवृत्त से बाहर निकलकर माउंट शार्प पर विभिन्न गंतव्यों की ओर बढ रहा है। गेल क्रेटर का यह दृश्य तीन मंगल के कक्षीय यानों से प्राप्त जानकारी के संयोजन से तैयार

चित्र 6.2 : गेल क्रेटर और लक्षित लैंडिंग क्षेत्र (सौजन्य : [24])

किया गया है। यह तस्वीर यूरोपीय अंतरिक्ष एजेंसी के मार्स एक्सप्रेस ऑर्बिटर के उच्च रेजूल्यूशन कैमरे, नासा के मार्स रेकोंस्सै ऑर्बिटर और वाइकिंग ऑर्बिटर द्वारा एकत्रित किए गए आँकड़ों के संयोजन से बनी है। गेल क्रेटर व्यास में 96 मील (154 किलोमीटर) है। माउंट शार्प की ऊँचाई गेल क्रेटर के तल से 3.4 मील (5.5

किलोमीटर) है। माउंट शार्प पहाड़ पर स्तरीकरण कर यह संकेत करता है कि 3 अरब साल पहले जब सतह पर संघातों की एक लंबी कड़ी के कारण गेल क्रेटर बना होगा तो उससे उत्पन्न धूल की परतों के धीरे-धीरे जमने से माउंट शार्प अस्तित्व में आया होगा। पहाड़ की प्रत्येक परत अपने भीतर अपने समय की वातावरणीय परिस्थितियों के बारे में जानकारी समेटे हुए है, जो इसे अध्ययन के लिए सर्वश्रेष्ठ उम्मीदवार बनाती है।

6.2 जीवन की तलाश

मार्स साइंस लेबोरेटरी ऐसे उत्कृष्ट यंत्रों से सुसज्जित है, जो वैज्ञानिकों को मंगल के वायुमंडल, वातावरण एवं मंगल पर जीवन से जुड़ी जानकारियाँ उपलब्ध कराता है।

क्यूरियोसिटी की यह प्रयोगशाला मुख्यतः तीन कैमरों का उपयोग कर रही है। 'मास्ट कैमरा' अथवा मास्टकैम, जो रोवर के ऊपरी भाग पर लगाया गया है। यह कैमरा मंगल की सतह के रंगीन चित्र एवं वीडियो खींच रहा है। इन छवियों को आपस में संलग्न करके हम रोवर के आस-पास के परिदृश्य को पैनोरमा के रूप में देख पाएँगे। इसके अलावा, इसमे लगे अनेक फिल्टरों के प्रयोग से यह एकल-रंग (मोनोक्रोमेटिक) छवियाँ रिकॉर्ड करने में समर्थ है। इन छवियों की सहायता से मंगल पर मौजूद विद्युत्-चुंबकीय वर्णक्रम का विश्लेषण किया जा सकेगा।

क्यूरियोसिटी का दूसरा कैमरा 'मार्स हैंड लेंस इमेजर' भूवैज्ञानिकों को मंगल के खनिजों, चट्टानों की संरचना, धूल एवं मलबे के करीबी तस्वीर उपलब्ध करवाएगा। यह कैमरा 12.5 माइक्रोमीटर तक सूक्ष्म विशेषताओं को दर्ज करने में समर्थ है। इस कैमरे का प्रमुख ध्येय मंगल ग्रह पर क्यूरियोसिटी के लैंडिंग स्थल, गेल क्रेटर के भूगर्भिक इतिहास को समझना है। इस कैमरे पर सफेद तथा पराबैंगनी, दोनों ही प्रकाश स्रोत उपलब्ध हैं। पराबैंगनी प्रकाश में ली गई छवियों के माध्यम से उन खनिजों का पता लगाया जा सकता है, जिनकी उपस्थिति मंगल की सतह के निर्माण में पानी की भूमिका का संकेत है।

'मार्स डिस्सेंट इमेजर' अथवा मार्डी कैमरा से मंगल पर उतरते हुए सतह का वीडियो लिया गया, जिससे वैज्ञानिक सतह का हवाई दृश्य देख सकें। यह हवाई दृश्य मलबे, पत्थर, चट्टानों और इलाके की अन्य विशेषताओं के सटीक स्थान जानने एवं रोवर द्वारा अन्वेषण हेतु सबसे अनुकूल पथ ढूँढ़ने के लिए अहम है। इसके अलावा इससे लैंडिंग साइट के आसपास के विस्तृत भूगर्भिक संदर्भ के बारे में जानकारी मिलती है।

मंगल पर जीवन की संभावनाओं को टटोलने के लिए क्यूरियोसिटी एक ऐसा प्रयोग कर रहा है, जिसमें वह सतह पर न्युट्रीनों की भारी वर्षा करेगा। यदि इन न्युट्रीनों की मुठभेड़ हाइड्रोजन परमाणुओं से होती है तो वे धीमे पड़ जाएँगे। क्योंकि हाइड्रोजन पानी के घटक तत्वों में से एक है, यह एक महत्वपूर्ण खोज होगी।

क्यूरियोसिटी की 7 फीट लंबी बाँह चट्टानों और मिट्टी के नमूनों को इकट्ठा करने में समर्थ है। इन नमूनों को विभिन्न प्रक्रियाओं से गुजारने तथा उनसे उत्सर्जित होने वाली गैसों का विश्लेषण करने की सुविधा भी इस रोवर पर मौजूद है, जिससे मंगल की चट्टानों और मिट्टी के गठन का अध्ययन वहीं करना संभव है।

6.3 वातावरण का आकलन

रोवर पर लगे अनेक उपकरणों का कार्य मौसम और विकिरण संबंधी आँकड़ों की सतत रिकॉर्डिंग करना है, ताकि भविष्य में संभावित मानव मिशन के लिए मंगल पर उपयुक्त स्थल निर्धारित किया जा सके।

क्यूरियोसिटी का विकिरण आकलन डिटेक्टर (रेडिएशन अस्सेसमेंट डिटेक्टर) वातावरण और जमीन की एक पट्टी में विकिरण की मात्रा हर घंटे में 15 मिनट के लिए मापता है। क्यूरियोसिटी द्वारा मापे गए विकिरण स्तर को देखते हुए दिसंबर 2013 में नासा इस निष्कर्ष पर पहुँचा कि भविष्य में मंगल पर मानव मिशन भेजने का सुरक्षित प्रबंध किया जाना संभव है।

रोवर का पर्यावरण निगरानी स्टेशन (एन्वायर्मेंटल मॉनिटरिंग स्टेशन) आसपास की हवा की गति, दिशा, तापमान एवं आर्द्रता के बारे में जानकारी एकत्रित करता है।

6.4 क्या पाया क्या खोजा?

क्यूरियोसिटी ने मंगल की सतह के पास नियमित रूप से मीथेन उत्सर्जन का पता लगाया है। हालाँकि मीथेन का स्रोत अज्ञात है, अत: यह नहीं कहा जा सकता कि यह उत्सर्जन मंगल पर जीवन का संकेत है।

क्यूरियोसिटी रोवर ने लाल ग्रह की मिट्टी में नाइट्रोजन का भी पहली बार पता लगाया है। इस खोज से यह उम्मीद और मजबूत हुई है कि मंगल ग्रह किसी समय रहने योग्य रहा होगा। इस नाइट्रोजन का नाइट्रिक ऑक्साइड के रूप में परोक्ष रूप से तब पता चला, जब नमूनों का विश्लेषण करनेवाले उपकरण एस.ए.एम. के मास स्पेक्ट्रोमीटर और गैस क्रोमेटोग्राफ के उपयोग से मंगल की मिट्टी के नमूनों को गर्म किया गया। नासा के वैज्ञानिकों का लंबे समय से यह विचार रहा है कि मंगल पर उल्कापिंड गिरने से उत्पन्न ऊर्जा से नाइट्रेट का उत्पादन हुआ होगा। पाई गई नाइट्रेट की मात्रा इस प्रक्रिया के अनुसार लगाए गए अनुमान से अच्छी तरह मेल खाती है। हालाँकि मंगल पर मौजूद नाइट्रेट जैविक मूल के नहीं प्रतीत होते, फिर भी इस तरह के कणों का मंगल पर अस्तित्व होना महत्वपूर्ण खोज है, क्योंकि वे यह संकेत करते हैं कि अपने पुराने इतिहास में मंगल कभी जीवन के लिए अधिक अनुकूल था। क्यूरियोसिटी रोवर को गेल क्रेटर में तलछटी/अवसादी चट्टानों वाली बनावट मिली है, जो प्राचीन नदियों, डेल्टा और झीलों का साक्ष्य हो सकती है। यह साक्ष्य इस बात की ओर इशारा करते हैं कि गेल क्रेटर अपने अंदर एक झील

मीथेन और जीवन

मीथेन को जीवन का संकेत इस वजह से माना जाता है, क्योंकि वह पृथ्वी के मरे हुए जीवाश्म से निकलती है। इससे यह साबित हो सकता है कि मंगल की सतह के नीचे पानी है, जिसमें जीव-जंतु पनप कर खत्म हो चुके हैं। तब भी वातावरण में मीथेन की मौजूदगी उनकी उपस्थिति को साबित करेगी।

सँजोए था, जो अरबों सालों के दौरान कई बार सूखी और भरी रही होगी। मास्ट कैमरा द्वारा खींचे गए इस समान रूप से स्तरित चट्टान की फोटो में किसी झील की तलछट जैसी बनावट साफ नजर आती है। यह चट्टान उस स्थान से ज्यादा दूर नहीं रही होगी, जहाँ से पानी बहकर झील में प्रवेश कर रहा होगा। इस फोटो का यह मास्ट कैमरा द्वारा 7 अगस्त, 2014 को खींचे गए कई फ्रेमों को जोड़कर बनाया गया है। इस दृश्य के रंग को इस प्रकार संतुलित किया गया है, जिससे वह धरती पर दिन के समय की प्रकाश व्यवस्था के तहत जैसा दिखाई देता, वैसा दिखे।

चित्र 6.3 : अवसादी चट्टानों की परतें (सौजन्य : [25])

क्यूरियोसिटी अपनी अत्याधुनिक उपकरणों वाली प्रयोगशाला से हर दिन नई और उपयोगी जानकारियों से मानव को अवगत करा रहा है।

7. भारत का मंगलयान

भारत ने पूरी दुनिया में एक बार फिर अपना नाम रोशन किया, जब 24 सितंबर, 2014 को मंगलयान (एम.ओ.एम. या मॉम) ने सफलतापूर्वक मंगल की कक्षा में प्रवेश किया। अपने प्रथम प्रयास में ही मंगल तक पहुँचने वाला भारत विश्व का प्रथम देश है। अब तक केवल अमेरिकी, यूरोपीय एवं रूसी अंतिरक्ष यान ही मंगल या उसकी कक्षा में पहुँच सके हैं। इस सफलता के साथ भारत भी अब इन राष्ट्रों के इस विशिष्ट गुट में शामिल हो गया है।

भारत मंगल ग्रह तक पहुँचने वाला पहला एशियाई देश है। इससे पहले 1988 में जापान और 2011 में चीन मंगल पर पहुँचने के प्रयास में विफल हो चुके हैं। मंगलयान के द्वारा भारत अपनी विकसित तकनीक का प्रदर्शन कर, इस क्षेत्र में चीन एवं अपने अन्य प्रतिद्वंद्वियों से आगे निकल गया है।

भारत का मंगलयान अन्य मंगल मिशन में से सबसे कम लागत वाला मिशन है। यह मात्र 7.4 करोड़ डॉलर में मंगल पर पहुँचा। इसकी तुलना में नासा के मेवन की लागत मंगलयान से 10 गुना अधिक है। अनेक बार भारत के अंतरिक्ष मिशन की आलोचना की जाती रही है एवं उन्हें अपव्यय करार दे दिया जाता है। इस मिशन को व्यय की तरह नहीं अपितु निवेश की तरह देखा जाना चाहिए, क्योंकि इससे भविष्य में कई अप्रत्याशित लाभ प्राप्त हो सकते हैं।

(सौजन्य : [79])

मंगलयान द्वारा मंगल की पहली अद्भुत तस्वीरें भेजने के कुछ दिन पूर्व अमरीका के प्रतिष्ठित समाचार-पत्र 'न्यूयॉर्क टाइम्स' ने यह कार्टून प्रकाशित किया। इस कार्टून ने तत्काल ही सोशल मीडिया पर आलोचनाओं को आकर्षित किया। लोगों की आम राय यह थी कि मंगलयान में किसी भी प्रकार की खामी खोजने में असमर्थ होने पर पश्चिमी दुनिया मजाक बनाने जैसी तुच्छ युक्तियाँ अपना रही है।

7.1 मंगलयान के प्रमुख उद्देश्य

यह भारत का प्रथम अंतर्ग्रहीय मिशन है। इसका प्रमुख उद्देश्य प्रौद्योगिकी विकास, योजना बनाना और अंतर्ग्रहीय मिशन का संचालन करना है। इसके साथ ही इसके कई वैज्ञानिक उद्देश्य भी हैं। मंगल ग्रह की सतही विशेषताओं, आकृति विज्ञान, खनिज पदार्थों की जानकारी इकट्ठा करने के लिए इसमें कई वैज्ञानिक उपकरण भी लगे हुए हैं।

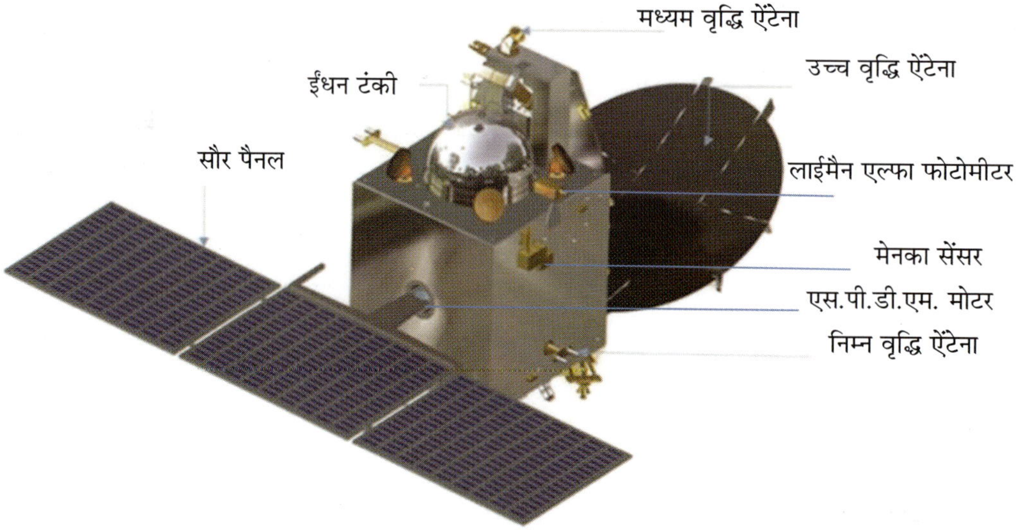

तालिका 7.1 : मंगलयान एवं उसके उपकरणों का स्थान (सौजन्य : [26])

मंगलयान में अनेक ऐसी विशेषताएँ थीं, जिनका प्रयोग भारत ने पहली बार किया जैसे कि गहरे अंतरिक्ष में संचार करने के लिए स्वायत्त सुविधा का प्रयोग किया, जो कि किसी भी आकस्मिकता को खुद ही सँभाल लेती है। जैसा कि हम पहले ही जान चुके हैं कि मंगल पर अंतरिक्षयान को द्रव्यमान किफायती कक्षा में भेजने का अवसर 25 महीनों में एक बार ही आता है। इस वजह से 2013 में जब भारत द्वारा मंगल जाने का निर्णय लिया गया तो यान के प्रक्षेपण के लिए उपयुक्त क्षण कुछ ही महीने दूर था। इसरो के पास जरा भी समय गँवाने के लिए न था, क्योंकि मिशन के लिए ऐसा उपयुक्त मौका अगली बार सीधे 2016 में ही मिलना था। इस वजह से मिशन की योजना, अंतिरक्ष यान और प्रक्षेपण यान का निर्माण एवं सहयोगी प्रणाली की तैयारी बहुत तेजी से पूरी की गई। देश के पूर्वी तट पर स्थित श्रीहरिकोटा के सतीश धवन अंतरिक्ष केंद्र से मंगलयान 5 नवंबर, 2013 को इसरो के विश्वसनीय पी.एस.एल.वी. द्वारा प्रक्षेपित किया गया। नासा ने भी इस अवसर को हाथ से निकलने नहीं दिया और 'मेवन' अंतरिक्ष यान के प्रक्षेपण की तैयारी करने लगा। तालिका 7.1 मंगलयान और 'मेवन' के बीच कुछ अंतर बतलाता है। इन आँकड़ों को देखकर यह अंदाजा लगाना मुश्किल नहीं है कि भारत के वैज्ञानिकों ने अपने कार्य को बड़ी कुशलतापूर्वक एवं दक्षता से अंजाम दिया है।

	मंगलयान	मेवन
मिशन आयोजन अंतराल	6 महीने	1 साल
प्रक्षेपण तिथि	5 नवंबर, 2013	18 नवंबर, 2013
मंगल के लिए प्रस्थान तिथि	30 नवंबर, 2013	18 नवंबर, 2013
तय दूरी	7800 लाख कि.मी.	7120 लाख कि.मी.
मंगल प्रविष्टि	24 सितंबर, 2014	22 सितंबर, 2014
लागत	500 करोड़	4500 करोड़

तालिका 7.1 : 'मंगलयान' और 'मेवन' के बीच की तुलना

7.2 भारत के मंगलयान की विशेषता

मंगलयान इसरो और भारत का अब तक का सबसे अनोखा और चुनौतीपूर्ण मिशन रहा है। भारत की सबसे बड़ी चुनौती थी कि कम नीतभार के प्रक्षेपक 'पी.एस.एल.वी.' से मंगल तक अंतरिक्ष यान पहुँचाना। जबकि नासा, युरोपीय अंतिरक्ष एजेंसी जैसे अंतरिक्ष संगठनों के पास 'डेल्टा', 'एरियन' जैसे महाकाय प्रक्षेपक हैं जो कि भू-केंद्री कक्षा में 5000 कि.ग्रा. नीतभार ले जाने में सक्षम है। वहीं हमारा 'पी.एस.एल.वी.' भू-केंद्री कक्षा में केवल 1500 कि.ग्रा. नीतभार ले जाने योग्य है। इस कमजोरी को भारत ने कभी भी अपने आगे नहीं आने दिया तथा इसका डटकर सामना किया और अपने अंतरिक्ष यान को ज्यादा कुशल बनाने की कोशिश की। वैसे तो नीतभार को कम करने की विवशता के चलते मंगलयान की हर एक उप-प्रणाली की संरचना करना अपने आप में एक चुनौती थी। अत: हम मंगलयान की कुछ विशेष चुनौतियों पर नजर डालते हैं।

उष्ण वातावरण

मंगलयान से पूर्व भारत ने कभी भी अंतर्ग्रहीय अन्वेषण नहीं किया था। क्योंकि मंगल की सूर्य से दूरी पृथ्वी की तुलना में 1.5 गुना से भी ज्यादा है। इस वजह से सूर्य की ऊर्जा यहाँ बहुत कम मात्रा में पहुँचती है। मंगल यात्रा के दौरान मंगलयान में ऊर्जा की कमी से इसके इलेक्ट्रॉनिक्स ठंड के कारण खराब हो सकते हैं। इस कार्य को सफलतापूर्वक करने के लिए उष्ण एवं द्रव्यमान प्रबंधन पर खास ध्यान दिया गया, जो अंत में सफल साबित हुआ।

ऊर्जा माँग

मंगल पर सौर प्रवाह (सौर ऊर्जा जो कि एक इकाई वर्ग क्षेत्र में एक सेकेंड में पड़ती है) पृथ्वी की कक्षा के सौर प्रवाह का आधा है। पारंपरिक सौर पैनल (चित्र 6.1) उतनी ऊर्जा एकत्र करने में असक्षम थे, इस वजह से हमें सौर पैनल को और अधिक सक्षम बनाने की जरूरत थी। यह कार्य भारत ने चुनौती समझकर स्वीकार किया और इसे भली-भाँति अंजाम दिया।

संचार प्रणाली

संचार प्रणाली का सबसे ज्यादा प्रमुख कार्य 4000 लाख कि.मी. तक संचार संपर्क बनाए रखना था। इस कार्य को सफलतापूर्वक अंजाम देने के लिए इसमें दो ऐंटेना लगाए गए (उच्च वृद्धि ऐंटेना एवं मध्यम वृद्धि ऐंटेना, चित्र 6.1)।

प्रक्षेपण प्रणाली

प्रक्षेपण प्रणाली ही भारत के मंगलयान की जान थी, जिससे अंतरिक्ष यान ने पृथ्वी से मंगल तक की कक्षा तक का सफर तय किया। इसरो ने इसके 440 न्यूटन बल प्रदान करने वाला द्रव इंजन का प्रयोग किया गया, जो भू-केंद्री मिशन की विरासत है। पर असली चुनौती यह थी कि कैसे इस द्रव इंजन को 10 महीने के अंतराल के बाद वापस प्रज्वलित किया जाएगा। इस कार्य के लिए पायरो वॉल्व (विस्फोटक से खुलने वाली वॉल्व) का प्रयोग किया गया, जो 'मंगलयान' की क्रुज अवस्था के बाद पुनः खोला गया, इससे लैम फिर से जीवित हो उठा और अंत में इसने मंगलयान की मंगल प्रविष्टि कराई। क्योंकि मंगल तक का सफर बहुत लंबा था तो ईंधन और ऑक्सीकारक को प्रवास-मिश्रण से बचाने हेतु अलग-अलग रखना पड़ा।

द्रव्यमान बाध्यता

भारत के मंगलयान का प्रक्षेपण 'पी.एस.एल.वी.' द्वारा किया गया था, जो केवल 1500 किलोग्राम नीतभार को ले जाने में सक्षम है। इस वजह से हर एक ग्राम वजन का प्रयोग सँभालकर करना पड़ा। इसरो ने अब तक हर सौर पैनल के चक्रण के लिए 'एस.ए.डी.ए.' मोटर का प्रयोग किया, जो केवल 10 किलोग्राम वजन की है, पर द्रव्यमान बाध्यता के कारण 'एस.पी.डी.एम.' मोटर का प्रयोग किया गया, जो केवल 3 किलोग्राम की है। तालिका 7.2 में 'एस.ए.डी.ए.' एवं 'एस.पी.डी.एम.' मोटर में अंतर बतलाया गया है।

एस.ए.डी.ए (सोलर एरे ड्राइव असेंबली)	एस.पी.डी.एम (सोलर पैनल ड्राइव मैकेनिज्म)
लगातार चक्रण के लिए उपयुक्त	175 डिग्री सेल्सियस चक्रण के लिए बनी
ज्यादा आघूर्ण बल	कम आघूर्ण बल
10 किलोग्राम वजन	3 किलोग्राम वजन
कम परिशुद्ध	ज्यादा परिशुद्ध

तालिका 7.2

जैसा कि हम पहले ही बता चुके हैं कि प्रक्षेपक ज्यादा नीतभार लेकर जाने में सक्षम नहीं है, इस द्रव्यमान की कटौती मंगलयान की प्रक्षेपण प्रणाली में झलकती है। द्रव्यमान की कमी की वजह से हमें 6 बार कक्षा

बढ़ोतरी करनी पड़ी। जैसा कि हम जानते हैं कि 'हॉफमैन अंतरण कक्षा' में हमें स्पर्श-रेखीय बिंदु पर बल देना होता है, पर व्यावहारिक बाधाओं के चलते हमें स्पर्श-रेखा से कुछ समय से पहले बल देना चालू करना पड़ता है और कुछ समय बाद तक देना पड़ता है। इससे ऊर्जा का नुकसान होता है, क्योंकि वह यान का कोण बदलने में नष्ट हो जाती है। इस नुकसान से बचने के लिए मंगलयान को बल कम-कम और कई बार में दिया गया (6 बार) और उसके बाद उसे 'हॉफमैन अंतरण कक्षा' में प्रविष्ट करा दिया गया।

7.3 प्रक्षेप पथ प्रारूप

प्रक्षेप पथ का प्रारूप तैयार करने में एक प्रमुख उद्देश्य था कि कम-से-कम द्रव्यमान की खपत कर अंतिरक्ष यान को मंगल तक पहुँचाया जाए। इसके लिए इसरो ने एक न्यूनतम ऊर्जा अंतरण कक्षा अथवा 'हॉफमैन अंतरण कक्षा' का अनुसरण किया। मंगलयान की पृथ्वी से मंगल तक की यात्रा को तीन निम्नलिखित मुख्य चरणों में विभाजित किया जा सकता है—

पृथ्वी-केंद्रित चरण

अंतिरक्ष यान को प्रक्षेपक द्वारा पृथ्वी के चारों ओर एक दीर्घवृत्तीय कक्षा में पहुँचाया गया। लैम इंजन की सहायता से अंतिरक्ष यान ने पृथ्वी के कक्षीय वेग के समान गति अर्जित की और एक हाईपरबोलिक वक्र में पहुँचा, जहाँ से वह पृथ्वी के प्रभावी क्षेत्र (स्फेयर ऑफ इंफ्लुएंस) से बाहर निकल गया। पृथ्वी का प्रभावी क्षेत्र उसकी सतह से 9,18,347 कि.मी. पर समाप्त होता है। इसके आगे उपग्रह पर प्रमुख बल सूर्य की वजह से लगता है।

सूर्य-केंद्रित चरण

इस चरण में अंतिरक्ष यान ने पृथ्वी की कक्षा को स्पर्श-रेखीय दिशा में छोड़कर मंगल की कक्षा में स्पर्श-रेखीय दिशा में प्रवेश किया। इस बीच यान ने सूर्य के चारों ओर एक दीर्घवृत्त के लगभग आधे हिस्से पर उड़ान भरी। यह प्रक्षेप वक्र तभी संभव है, जब मंगलयान के प्रस्थान पर पृथ्वी, मंगल और सूर्य आपस में लगभग 44 डिग्री सेल्सियस का कोण बनाते हों। पृथ्वी, मंगल और सूर्य की यह न्यूनतम ऊर्जा वाली अवस्था हर 780 दिनों के अंतराल के बाद आती है।

मंगल-केंद्रित चरण

इस चरण में जब अंतिरक्ष यान एक हाईपरबोलिक प्रक्षेप वक्र से मंगल ग्रह के प्रभावी (मंगल ग्रह की सतह से 5,73,473 किमी के आसपास) क्षेत्र में आया और मंगल ग्रह के निकटतम पहुँचा तब उसी समय लैम इंजन द्वारा उसकी गति में परिवर्तन प्रदान कर उसे मंगल ग्रह की कक्षा में प्रवेश करा दिया गया। पृथ्वी से मंगल ग्रह के बीच प्रक्षेप वक्र चित्र 7.2 में दिखाया गया है।

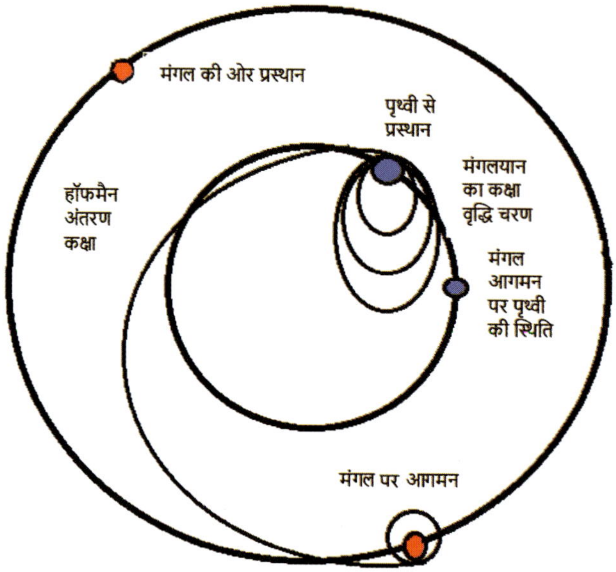

चित्र 7.2 : मंगलयान का प्रक्षेप पथ

7.4 मंगल की कक्षा में भारत के कदम

मंगल प्रविष्टि का कार्य विषमताओं से भरा पड़ा था। सबसे पहली बात तो यह कि प्रविष्टि का कार्य ग्रहण काल में होना था जिसके कारण मंगलयान को पूरी तरह बैटरी पर चलना था। सौर पैनल भी इस वक्त ऊर्जा उत्पन्न करने में असक्षम थे। सबसे पहले यान को ऐसे संरेखित करना पड़ा कि उसका द्रव इंजन (लैम) यान का वेग कम करने के लिए उपयुक्त हो। उसके बाद द्रव इंजन और 8 छोटे इंजन जो कि यान का रुख बदलने के काम आते हैं उनको एक साथ चलाया, जिससे यान की गति कम हो गई। अगर सही समय पर यान की गति को कम न किया जाता तब हमारा यान मंगल के सान्निध्य से गुजरकर कहीं सुदूर अंतरिक्ष में लुप्त हो जाता। यह मिशन और भी ज्यादा चुनौतीपूर्ण तब हो गया, जब सारे प्रचालन संचार-शून्यता में करने पड़े। इस कार्य को पूरा करने के लिए हमने यान पर मौजूद स्वायत्त प्रचालन प्रणाली का प्रयोग किया। इसके पश्चात् यान को धरती की ओर घुमाना था। यह कार्य भी कठिनाइयों से भरा था। हमारा उच्च वृद्धि ऐंटेना उलटी तरफ घूम गया था (लैम को संरेखित करने के लिए शुरुआत में यान उलटा किया गया था)। तब इसे घुमाने के लिए हमने मध्यम वृद्धि ऐंटेना का प्रयोग किया। मंगलयान की मंगल प्रविष्टि चित्र 6.3. में दिखाई गई है।

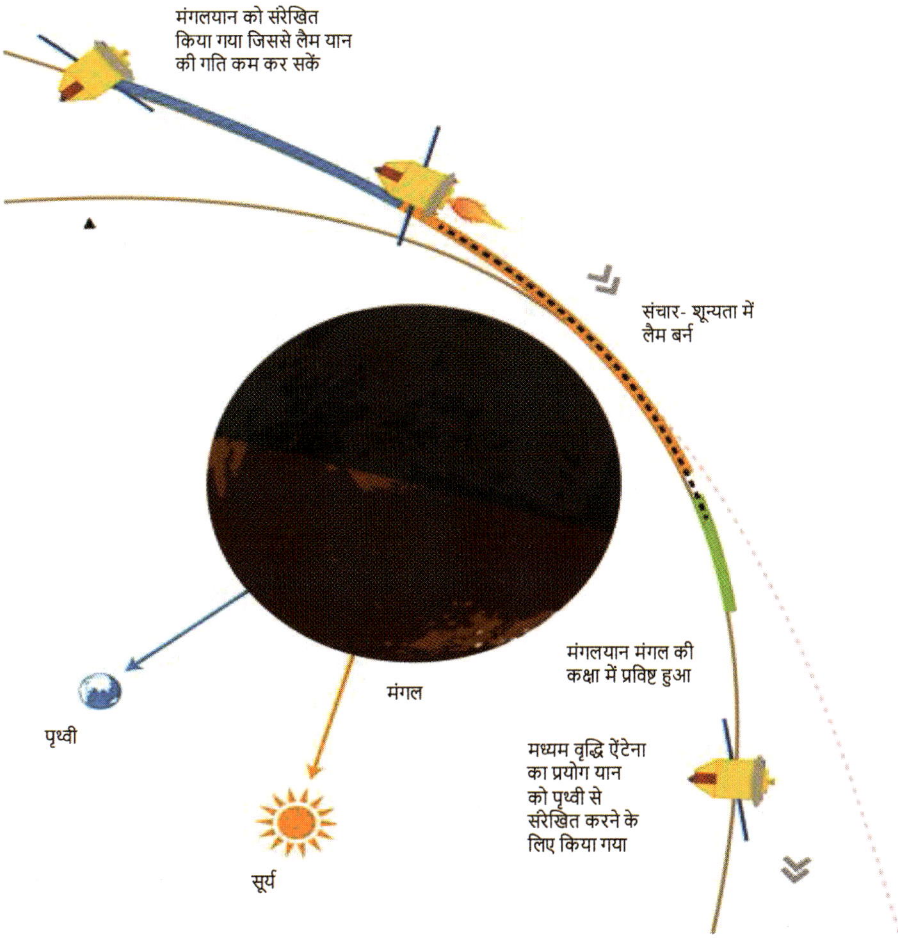

चित्र 7.3 : मंगलयान का मंगल आगमन (सौजन्य : 'इसरो')

7800 लाख किलोमीटर की यात्रा करके मंगल की कक्षा में प्रवेश के उपरांत, मंगलयान लाल ग्रह पर जलवायु, भूतत्व, मूल, विकास और जीवन की स्थिरता को समझने के लिए सतह की विशेषताओं, आकृति विज्ञान, खनिज और मंगल ग्रह के वातावरण का अध्ययन कर रहा है। इस मिशन से मंगल ग्रह के बारे में कई बड़े सवालों का जवाब मिलने में सहायता मिलेगी। जैसे कि क्या कभी मंगल ग्रह पर जीवन विकसित होने लायक परिस्थितियाँ रही होंगी?

अपने उपर्युक्त उद्देश्यों के अतिरिक्त मंगल ग्रह के लिए एक और मुख्य उद्देश्य था—अंतर्ग्रहीय मिशन के डिजाइन, योजना, प्रबंधन और संचालन के लिए आवश्यक प्रौद्योगिकी को विकसित करना। सुदूर अंतरिक्ष संचार की योग्यता परखना और आपात स्थितियों को सँभालने के लिए स्वायत्त सुविधाओं को शामिल करना भी इस मिशन का उद्देश्य था।

7.5 नीतभार उपकरणों की विवेचना

साढ़े तेरह सौ किलोग्राम का यह यान मंगल ग्रह और उसके वातावरण की जाँच-पड़ताल के लिए पाँच विज्ञान संबंधी उपकरणों का वहन किए हुए है।

चित्र 7.4 : मार्स कलर कैमरा द्वारा गेल क्रेटर की तस्वीर (सौजन्य : 'इसरो')

मार्स कलर कैमरा (एम.सी.सी.)—मंगल ग्रह की रंगीन छवियाँ उपलब्ध कराता है। एम.सी.सी. का वजन 1.4 किलोग्राम है और यह 400-700 नेनोमीटर के वर्णक्रम (स्पेक्ट्रम) में कार्य करता है। एम.सी.सी. द्वारा प्रदान किए गए चित्रों का प्रयोग मंगली सतह की स्थलाकृति का अध्ययन करने के लिए किया जा रहा है। यान के पाँच नीतभार में से एम.सी.सी. सार्वाधिक सक्रिय है और यह लाल ग्रह की सतह और घाटियों, पहाड़ों, खड्ड, बादल और धूल तूफान सहित कई चौंकाने वाली छवियाँ ले रहा है। मंगल ग्रह के साथ-साथ यह उसके उपग्रहों फोबोस और डीमोस की छवियाँ भी खींच रहा है। (चित्र 7.4)

चित्र 7.5 : मंगल की पृष्ठभूमि पर फोबोस (सौजन्य : 'नासा')

मीथेन सेंसर फॉर मार्स (एम.एस.एम.)—यह मंगल ग्रह के वातावरण में मीथेन की सांद्रता को मापने के लिए बनाया गया है। हालाँकि मीथेन जैविक एवं भूगर्भीय दोनों ही कारणों से उत्सर्जित हो सकती है, उसके जैविक मूल के होने की संभावना उसकी मौजूदगी को अहम बनाती है। (चित्र 7.6)

मारशियन एक्जोस्फेरिक न्यूट्रल कंपोजिशन एनालाईजर (मेनका) का मुख्य लक्ष्य मंगल ग्रह की सतह से 372 किलोमीटर की ऊँचाई पर बहिर्मंडल के उदासीन (न्यूट्रल) भाग के घनत्व और संरचना का

अध्ययन करना है। इस यंत्र से मंगल के बहिर्मंडल में सतह से दूरी बढ़ने के साथ, मौसम के कारण एवं दैनिक तौर पर होने वाले बदलावों की परख की जाती है। इससे मंगल ग्रह के बहिर्मंडल का अध्ययन कर मंगल के वायुमंडल की वर्तमान परिस्थितियों एवं पूर्वकालिक वायुमंडलीय लोप की प्रक्रिया के बारे में महत्वपूर्ण जानकारी मिल सकेगी। (चित्र 7.1)

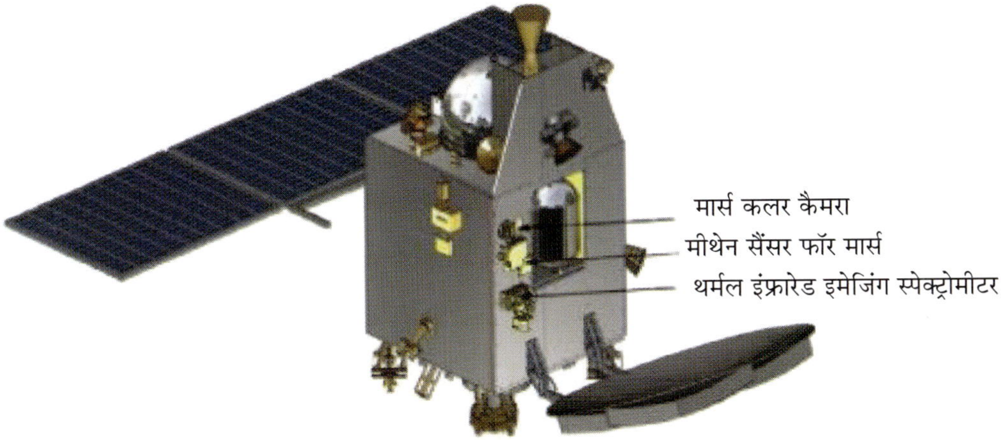

चित्र 7.6 : मंगलयान एवं उसके उपकरणों का स्थान

थर्मल इंफ्रारेड इमेजिंग स्पेक्ट्रोमीटर (टिस)—यह मंगल की सतह से थर्मल उत्सर्जन को मापता है, जिससे सतह की संरचना और उसमें मौजूद खनिजों के बारे में पता चलता है। (चित्र 7.6)

लाईमैन एल्फा फोटोमीटर (लैप) का मुख्य उद्देश्य मंगल के वायुमंडल में ड्यूटेरियम और हाइड्रोजन के अनुपात को सटीकता से मापना है। यह अनुपात वायुमंडलीय लोप की प्रक्रियाओं का एक सूचक है और साथ ही इन प्रक्रियाओं में जल की भूमिका को भी रेखांकित करता है। इस यंत्र का वजन करीब डेढ़ किलोग्राम है। (चित्र 7.1)

8. मंगल आज भी मंगल बाद भी...

निकट भविष्य में बहुत से देश मंगल ग्रह के विषय में जानकरी प्राप्त करने हेतु अपने अभियान मंगल ग्रह पर भेजेंगे। हर अभियान अपने आप में विशेष है और कई वैज्ञानिक प्रयोगों में अपनी भागीदारी निभाएँगे।

अवतरण स्थल

लैंडर को उतारने के लिए यह आवश्यक है कि अवतरण स्थल भूमध्य या विषुवत रेखा के समीप हो, जिससे पर्याप्त मात्रा में सूर्य की रोशनी मिल सके। सूर्य की ऊर्जा से सौर पैनल विद्युत् शक्ति का उत्पादन करेंगे। अवतरण स्थल कम-से-कम ऊँचाई पर हो, जिससे वायुमंडलीय प्रविष्टि के दौरान उसे पर्याप्त वायुमंडलीय अवरोध प्राप्त हो सके। अपेक्षाकृत वह स्थल कम-से-कम पथरीला हो, जिसमें खड़ी ढाल, गड्ढा न हो, जिससे अवतरण में कोई समस्या न आ सके। वह स्थल नरम और थोड़ी मुलायम होनी चाहिए, जिससे 'ऊष्मा प्रवाह मापन' उपकरण आसानी से स्थल के अंदर बेध सके। अवतरण स्थल भूवैज्ञानिक तौर पर विविध हो, प्राचीन (कम-से-कम 3.6 अरब साल पुराना) और संभावित तौर पर निवास योग्य हो। संभावित तौर पर निवास योग्य होने का अभिप्राय है कि वहाँ जल लंबे समय तक था या बार-बार उत्पन्न हो रहा था।

8.1 इंसाइट

यदि भविष्य के मंगल मिशन की बात की जाए तो 'इंसाइट' मिशन का नाम सर्वप्रथम सामने उभरता है। यह एक (यंत्रमानववत्) रोबोटिक लैंडर है, जिसका प्रक्षेपण मार्च 2016 को निर्धारित किया गया है। 'इंसाइट' का उद्देश्य भूकंप संबंधी जाँच, भूगणित एवं ऊष्मा अंतरण का प्रयोग कर आंतरिक अन्वेषण करना है।

इसका लक्ष्य भूकंपमापी एवं ऊष्मा प्रवाहमापी से लैस स्थिर लैंडर को मंगल ग्रह में पहुँचाना है। इन उपकरणों के द्वारा मंगल ग्रह के भूवैज्ञानिक क्रमिक विकास (वह प्रक्रिया जिससे उस ग्रह का निर्माण और समय के साथ विकास हुआ है) का बोध हो सकेगा। मंगल की तीनों परतों के आकार, मोटाई, घनत्व तथा ग्रह के आंतरिक भाग से ऊष्मा अंतरण की गति—इन सब प्रक्रियाओं का अध्ययन होगा। यह यंत्र मंगल की भीतरी उत्क्रांति एवं अंतर्भाग के तरल या ठोस होने का निर्धारण करेंगे।

अंततः वे प्रक्रियाएँ, जिनसे सौरमंडल के चट्टानी ग्रहों को आकार की प्राप्ति हुई है, ज्ञात हो सकेंगी।

इंसाइट परियोजना में विभिन्न देशों और संस्थाओं के वैज्ञानिक एवं अभियंता सहभागी हैं। इंसाइट लैंडर तीन उपकरणों को मंगल ग्रह की सतह पर लेकर जाएगा। ये उपकरण पहली बार इतनी गहराई में महत्वपूर्ण तत्वों की खोज करेंगे तथा कंपन, आंतरिक कार्यकलाप, तापमान एवं प्रतिक्रिया की जाँच करेंगे। इससे न ही केवल मंगल ग्रह की सतह के क्रमिक विकास का ज्ञान होगा, बल्कि अन्य चट्टानी ग्रहों का भी पता चलेगा।

8.2 एक्सोमार्स

मंगल पर जीवन के अस्तित्व को जानने के लिए 'एक्सोमार्स' मिशन तैयार किया जा रहा है। यह रूसी एवं यूरोपीय एजेंसी द्वारा बनाया जा रहा है। इस परियोजना के अंतर्गत 2016 में एक ट्रेस गैस कक्षीययान (टी.डी.ओ.) और एक लैंडर—'प्रवेश उतरन और आवरण प्रदर्शक मॉड्यूल स्थिर लैंडर', जिसे शियापरेल्ली भी कहते हैं और 2018 में एक रोवर को भेजने की योजना बनाई गई है।

इसका प्रमुख लक्ष्य मंगल ग्रह की सतह पर किसी भी प्रकार के (भूत या वर्तमान में) जीवन का प्रमाण खोजना है। इसके साथ ही, यह जल और भू-रसायन पदार्थ के गहराई के साथ वितरण का पता लगाएगा, सतह के परिवेश की जाँच करेगा तथा भविष्य में मानव अभियान के लिए आपत्तियों और खतरों को पहचानेगा।

'एक्सोमार्स' 2016 मिशन

अनुरेख गैस कक्षीययान
(सौजन्य : [27])

मंगल में संप्रेषण

कक्षीययान एक विज्ञान संबंधी नीतभार को लेकर जाएगा, जो अनुरेख गैस का परिचयन और निरूपण करने में सक्षम होगा। अपनी कक्षा में, लगभग 400 किलोमीटर की ऊँचाई पर उपकरण विस्तरित होंगे और मीथेन, जलवाष्प, नाइट्रोजन डाइऑक्साइड, एसिटिलीन जैसी अनुरेख गैस को अन्य उपकरणों की तुलना में अधिक यथावत् तरीके से नापेंगे।

इसमें कक्षित्र और ई.डी.एम (E.D.M.) को एक साथ, प्रोटान प्रक्षेपार्स रॉकेट द्वारा, जनवरी 2016 में प्रक्षेपित किया जाएगा और मंगल ग्रह की ओर ये दोनों जुड़ी हुई अवस्था के अनुरूप पहुँचेंगे। पृथ्वी और मंगल ग्रह की स्थितियों का लाभ लेकर, मंगल ग्रह में पहुँचने से 9 महीने पूर्व, ई.डी.एम. को कक्षित्र से मंगल ग्रह की ओर निष्कासित कर दिया जाएगा। ई.डी.एम कैप्सूल फिर अपने गंतव्य की ओर यात्रा करेगा तथा मंगल ग्रह के वायुमंडल में प्रवेश कर अंत में सतह पर उतर जाएगा। पर्यटन से अवतरण तक ई.डी.एम. का संचार (रिले) नासा कक्षित्र से समर्थित रहेगा। एक्सोमार्स कक्षित्र मंगल के दीर्घवृत्ताकार कक्ष में जाने के पश्चात्, उसके वायुमंडल की सैर करेगा और अंत में वृत्ताकार कक्ष (लगभग 400 किलोमीटर ऊँचाई) में जाकर अपने मिशन को सफल करेगा। कक्षीययान मंगली वातावरण का विस्तृत एवं दूरस्थ अवलोकन करेगा तथा जैविक महत्व की गैस (जैसे मीथेन और उसके निम्नीकृत उत्पाद) के अस्तित्व को खोजेगा। इस मिशन से एक मंगल वर्ष (687 पृथ्वी के दिन) तक चलने की अपेक्षा की जा सकती है।

प्रवेश उतरन और अवतरण प्रदर्शक मॉड्यूल (सौजन्य : 'ई.एस.ए.')

ई.डी.एम. में विशेष ऊष्ण सुरक्षा कवच, अवतरण छतरी (पैराशूट), रेडार डॉपलर तुंगातामापी यंत्र, द्रव नोदन गति अवरोधक प्रणाली जैसी तकनीक सम्मिलित की गई है। सीमित ऊर्जा के कारण यह कुछ ही क्षण के लिए मंगल ग्रह की सतह पर सक्रिय रहेगा।

एक झलक में एक्सोमार्स अनुरेख गैस कक्षीययान...

अपने कार्यरत समय में एक्सोमार्स अनुरेख गैस कक्षीययान निम्न भूमिका निभाएगा—

- ई.डी.एम. के विस्तरण में तथा उसके डेटा (आँकड़े) संचारण में यह समर्थन देगा।
- वैज्ञानिक नीतभार को मंगल ग्रह में ले जाकर अनुरेखित गैस के भूवैज्ञानिक तथा जैविक उद्गम का अन्वेषण करेगा।
- 2018 में एक्सोमार्स के रोवर के डेटा (आँकड़े) का प्रसारण करेगा।

शियापरेल्ली लैंडर

शियापरेल्ली जो 'प्रवेश उतरन और अवतरण प्रदर्शक मॉड्यूल' के नाम से जाना जाता है, यह अपनी मंगल यात्रा जनवरी 2016 में आरंभ करेगा। इसकी यात्रा को चार चरणों में विभाजित किया जा सकता है।

तटवर्ती

मंगली वायुमंडल में पहुँचने से तीन दिन पहले, शियापरेल्ली कक्षीययान से पृथक् हो जाएगा। इसके पश्चात् अपनी ऊर्जा उपभोग की बचत करने के लिए, शीतनिद्रा अवस्था में चला जाएगा और अपनी मंगल की ओर यात्रा आरंभ कर देगा।

कुछ घंटे पूर्व (मंगली वायुमंडल में लगभग 5.8 किलोमीटर/सेकेंड वेग से पहुँचने पर) वह फिर से सक्रिय हो जाएगा।

प्रवेश

यह मंगल वायुमंडल में 120 किलोमीटर की ऊँचाई से प्रवेश करेगा। ऊष्मा परिरक्षक इसका अत्यधिक ऊष्मा अभिवाह से बचाव करेगा और गति को मॉक 35 से 5 तक मंद करेगा। (एक 'मॉक' ध्वनि की गति को संबोधित करता है)। प्रवेश करते समय ऊष्मा परिरक्षक का तापमान लगभग 1500 डिग्री सेल्सियस पहुँच जाएगा। (चित्र 8.1)

चित्र 8.1 : प्रवेश उतरन और अवतरण प्रदर्शक मॉड्यूल—प्रवेश चरण (सौजन्य : 'ई.एस.ए.')

उतरन

जब शियापरेल्ली मॉक 2 तक धीमा हो जाएगा, तब अवतरण छतरी (पैराशूट) विस्तारित होगी (चित्र 8.2) और

मॉक संख्या (Mach Numner)—यह किसी भी वस्तु की गति का ध्वनि की गति से अनुपात होता है।

अब ध्वानिक गति तक उसको मंद करेगी। सबसे पहले अग्र ऊष्मा परिरक्षक निकलेगा, फिर पश्च परिरक्षक। उसके पश्चात् डॉप्लर रेडार तुंगतामापी (Altimeter) यंत्र सक्रिय हो जाएँगे। इन उपकरणों से मंगल सतह पर उसकी स्थिति का पता लगाया जा सकता है।

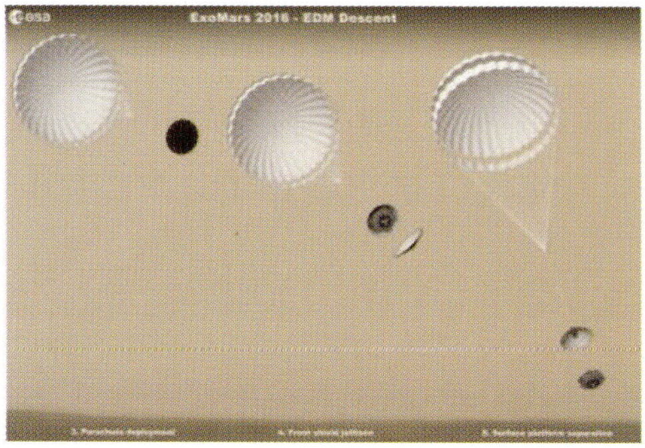

चित्र 8.2 : प्रवेश, उतरन और अवतरण प्रदर्शक मॉड्यूल के अवरोहण चरण (सौजन्य : 'ई.एस.ए.')

अवतरण

सतह से उपयुक्त दूरी पर द्रव नोदन प्रणाली को सक्रिय कर दिया जाएगा, जिससे वेग को कम किया जाएगा। मंगली सतह पर गति लगभग शून्य हो जाएगी और तत्पश्चात् यान नियंत्रित हो जाएगा। (चित्र 8.3) शियापरेल्ली की रचना अधिक-से-अधिक 40 सेंटीमीटर ऊँचे पत्थरी क्षेत्र और अधिकतम 12.5 डिग्री सेल्सियस उत्प्रवण ढाल के लिए की गई है। एक्सोमार्स दल ने 'मेरीडिएनी प्लैनम' नामक स्थल को अवतरण के लिए निर्धारित किया है, क्योंकि इसमें हैमेटाइट (लौह ऑक्साइड जो पृथ्वी पर जल धारित पर्यावरण में बनता है) उपस्थित है। अवतरण के पश्चात् और 8 दिन के अंतराल में पूरा डेटा (आँकड़े) कक्षीययान को संचारित हो जाएगा। शियापरेल्ली (लैंडर) मिशन अपने लक्ष्य को प्राप्त कर समाप्त हो जाएगा।

चित्र 8.3 : ई.डी.एम. का अवतरण चरण (सौजन्य : 'ई.एस.ए.')

एक्सोमार्स 2018 मिशन

2018 में एक्सोमार्स परियोजना के अंतर्गत एक 'यूरोपियन रोवर' और 'रूसी सतह-मंच' मंगल ग्रह के सतह पर प्रोटॉन-रॉकेट द्वारा भेजा जाएगा, जो 9 महीने पश्चात् अपने गंतव्य तक पहुँचेगा। वेधन के द्वारा रोवर नमूने को एकत्र करेगा और वैश्लेषिक उपकरणों का प्रयोग कर उनका अन्वेषण करेगा। ये उपकरण जैविक संभावना तथा भू-रसायान का अन्वेषण करेंगे। साथ ही, यह रोवर के सौर पैनल का प्रयोग कर विद्युत् शक्ति का उत्पादन और मंगल ग्रह की शीत रातों के लिए बैटरी और उष्मक का प्रयोग करेगा।

प्रत्येक मंगली दिन में केवल 1 या 2 अधिवेशन होने के कारण, इस रोवर को स्वायत्त बनाया गया है। वैज्ञानिक कैमरे से खींची गई त्रिविम प्रतिबिंब के अनुसार एक विशेष स्थल नियुक्त की जाएगी। फिर रोवर नौसंचालन (नेविगेशन) आँकड़ों की गणना कर हर दिन लगभग 100 मीटर चलेगा। इसके लिए रोवर नौसंचालन त्रिविमीय कैमरे से अंकीय मानचित्र बनाकर उपयुक्त प्रपथ आकलित करेगा तथा कैमरे की सहायता से आगे चलेगा। इस रोवर में 6 पहिए हैं और हर एक पहिया स्वतंत्र रूप से एक्सोमार्स की संरचना पर टिका है। अत: हर एक पहिए को स्वतंत्र रूप से संचालित किया जा सकता है। रोवर की ऊँचाई और कोण की सतह के अनुसार समायोजित करने के लिए, सारे पहिए अलग-अलग धुराग्रित किए जा सकते हैं। नति-मापक यंत्र और घूर्णाक्षस्थापी (जायरोमापी) गति को अच्छे से नियंत्रित कर सकते है। यात्रा के दौरान कैमरे के प्रतिबिंब और रेडार डेटा (आँकड़े) के द्वारा, वैज्ञानिक उपयुक्त वेधन स्थान निर्धारित कर सकते हैं। रोवर तब पर्याप्त गहराई (अधिकतम 2 मीटर) वेधकर नमूना एकत्रित कर सकेगा। रोवर वहाँ, अंदर ही वैश्लेषिक प्रयोगशाला में नमूने को चूर्ण बनाकर उसका भौतिक, रासायनिक और वर्णक्रमीय विश्लेषण करेगा।

8.3 मेटनेट

यह मंगल का एक वायुमंडल विज्ञान मिशन है, जो 'फिन्निश मौसम विज्ञान संबंधी संस्थान' के द्वारा प्रारंभ किया गया है। इसमें कम-से-कम 16 मेटनेट संघात लैंडर को भविष्य में प्रक्षेपित किया जाएगा। इनका प्रमुख उद्देश्य बड़े पैमाने पर विस्तृत मंगली सतह का अवलोकन करना है, जिससे मंगली वायुमंडल की सरंचना, भौतिक विज्ञान और अंतरिक्ष विज्ञान के बारे में जानकारी मिल सके। वैज्ञानिक दृष्टि से इसके निम्न लक्ष्य हैं—

- सतह और वायुमंडल के बीच परस्पर क्रिया और ग्रह संबंधी परिसीमा-स्तर के निर्माण
- धूल उठने की प्रक्रिया
- कार्बन डाइऑक्साइड, पानी, और धूल की घटनाचक्र रचना
- मंगली ऋतु के क्रम विकास का अध्ययन करना

वायुमंडल प्रवेश के लिए 'इन्फ्लेटेबल' (हवा भरने योग्य) प्रवेश तकनीक का प्रयोग किया जाएगा, जिससे क्षेत्रफल बढ़ाकर वायुमंडल अवरोध में वृद्धि तथा अधिक नीतभार रखने की क्षमता बढ़ती है। अत:

यह अधिक द्रव्यमान और अवरोध प्राप्त करने का इष्टतम तरीका है। लैंडर सौर पैनेल से सज्जित होगा, जो 0.6 वाट की ऊर्जा प्रतिदिन प्रदान करेगा। क्योंकि यह ऊर्जा सारे उपकरणों को एक साथ चलाने में सक्षम नहीं है, इसलिए इन्हें पर्यावरण के अनुसार बारी–बारी से चलाया जाएगा।

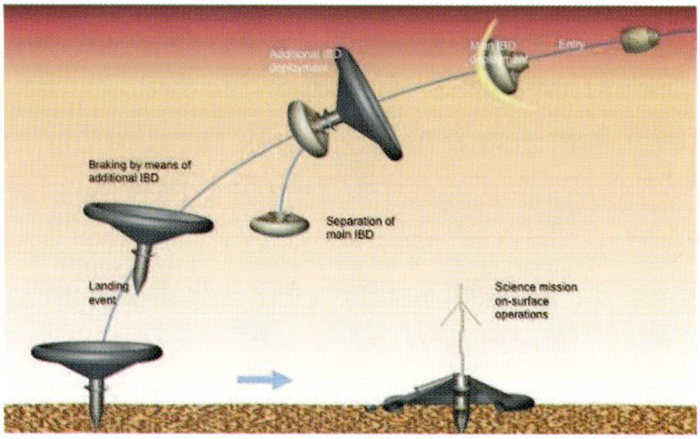

चित्र 8.3 : मेटनेट का अवतरण (सौजन्य : [28])

8.4 मार्स 2020

मार्स 2020 नासा का ग्रह संबंधी रोवर मिशन है, जिसका प्रक्षेपण 2020 में निर्धारित किया गया है। यह पर्यावरण का तथा भू–वैज्ञानिक प्रणालियों और उनके इतिहास का अन्वेषण करता है। यह विभिन्न प्रकार के पत्थर और मिट्टी का अध्ययन कर प्रचीन सूक्ष्मजीव के जीवन का आकलन करेगा। यह मंगली वायुमंडल में मौसम और धूल का निरीक्षण करेगा तथा भविष्य में मानव अंतरिक्ष मिशन के लिए कार्बन डाइऑक्साइड से प्राणवायु प्राप्त करने की चेष्टा करेगा। पत्थर का अध्ययन करने वाले उपकरण, वैज्ञानिकों की भविष्य में नमूने के चयन में सहायता करेंगे।

यह 'क्यूरियोसिटी' रोवर की रूपरेखा पर आधारित होगा। हालाँकि उपकरणों तथा तकनीक में थोड़ा भिन्न होगा, परंतु पूरी अवतरण प्रणाली (ऊष्मा परिरक्षक भेद और आकाश क्रेन को सम्मिलित कर) और रोवर का ढाँचा लगभग एक जैसे होंगे। इससे आविष्कार पर लगाए जानेवाले धन और समय की बचत होगी तथा तकनीकी खतरा कम होगा।

8.5 मार्स वन

यह एक नीदरलैंड की संस्था हैं, जिसने पहली बार मनुष्य को मार्स पर भेजने की तथा 2027 तक स्थायी रूप से मानव उपनिवेश की योजना बनाई है। इस योजना के अंतर्गत एक यंत्रमानववत् लैंडर, कक्षीययान और अंत में मानव कर्मीदल (4 के समूह में) को मंगल पर 2026 तक भेजा जाएगा।

उपसंहार

शिक्षा और ज्ञान मानव के जीवन का मार्ग प्रशस्त करते हैं। युवा पीढ़ी के लिए आवश्यक है कि वह पृथ्वी पर होनेवाली गतिविधियाँ, जिसमें तकनीकी का अधिकाधिक समावेश है, उनसे परिचित रहे। ज्ञान प्राप्ति और अन्वेषण से वह न केवल देश और समाज की प्रगति के लिए योगदान दे सकता है, अपितु साथ-ही-साथ उनके व्यक्तित्व का भी विकास होता है। इस पुस्तक के माध्यम से हमने यह जाना कि किस प्रकार मंगल ग्रह अन्वेषण तथा उसके बारे में जानकारी प्राप्त करना आवश्यक है। अपने सौरमंडल के निर्माण, उसके ग्रह, उपग्रह और क्षुद्रग्रह के बारे में जानकारी प्राप्त हुई।

खगोल विज्ञान के मौलिक सिद्धांत पढ़कर यह ज्ञात हुआ कि ग्रह का पथ सूर्य के चारों ओर किस प्रकार होता है। पृथ्वी की विभिन्न कक्षाओं की जानकारी प्राप्त हुई तथा यह भी बोध हुआ कि किस प्रकार अंतरग्रहीय मिशन किए जा सकते हैं। हमने यह भी जाना कि किसी अंतरिक्ष यान के प्रमुख भाग और उनके प्रकार्य क्या होते हैं।

पृथ्वी से कोसों दूर मंगल ग्रह की मिट्टी, उसके वायुमंडल, भूगोल एवं प्राकृतिक उपग्रह से परिचित हुए। हमने देखा कि किस प्रकार कई देशों ने अनेक प्रयास के पश्चात् उसके विषय में ज्ञान-सूची एकत्रित की और भविष्य में भी प्रयास करते रहेंगे। भारत का मंगलयान भी अनोखा था। अपनी अनेक विशेषताओं के कारण वह प्रथम प्रयास में ही सफल रहा। भारत का लक्ष्य किसी देश से आगे बढ़ना नहीं, बल्कि 'वसुधैव कुटुम्बकम्' की नीति पर अमल करते हुए सभी देशों के साथ आगे बढ़ना है। अगर इसी निष्ठा के साथ हम जाति, देश, समाज से परे पृथ्वी की सीमा के बाहर अंतरिक्ष की गहराइयों में जाएँ तो कई सवालों के हल मिल जाएँगे।

संदर्भ

1. Vitagliano, Aldo , The Mean Plane (Invariable plane) of the Solar System Passing through the Barycenter. April 3, 2009
2. www.seasky.org/solar-system/solar-system.html
3. http://imgsrc.hubblesite.org/hu/db/images/hs-2005-34-j-full_jpg.jpg
4. http://www.jpl.nasa.gov/history/60s/Mariner4_1965.htm
5. http://voices.nationalgeographic.com/2011/03/29/behold-the-first-picture-of-mercury-taken-from-orbit/mars-mariner-9-caldera/
6. http://scienceblogs.com/universe/2012/09/28/the-canals-of-mars/
7. https://en.wikipedia.org/wiki/File:Mars,_Earth_size_comparison.jpg
8. http://www.msss.com/mars_images/moc/may_2000/n_pole/
9. http://www.msss.com/mars_images/moc/4_27_00_spcap/
10. http://nssdc.gsfc.nasa.gov/planetary/mars/mars_exploration_rovers/merb_images.html
11. http://nssdc.gsfc.nasa.gov/photo_gallery/photogallery-mars.html#features
12. http://solarsystem.nasa.gov/multimedia/gallery/Mars__atmosphere.jpg
13. http://www.spacetelescope.org/images/opo9709b1/
14. http://www.nasa.gov/mission_pages/MRO/multimedia/pia10368.html
15. http://marsprogram.jpl.nasa.gov/mro/gallery/press/20090309a.html
16. http://nssdc.gsfc.nasa.gov/image/spacecraft/mariner06-07.gif
17. http://mediaarchive.ksc.nasa.gov/detail.cfm?mediaid=16247
18. http://photojournal.jpl.nasa.gov/catalog/PIA01141
19. http://hirise.lpl.arizona.edu/PSP_003234_2210
20. www.jpl.nasa.gov/history/70s/Viking1_1976.htm
21. photojournal.jpl.nasa.gov/catalog/PIA04413
22. www.jpl.nasa.gov/missions/mars-odyssey/
23. www.brownspaceman.com/curiosity-rover-makes-amazing-discovery-finding-water-martian-soil/
24. mars.nasa.gov/msl/mission/timeline/prelaunch/landingsiteselection/aboutgalecrater/
25. www.nasa.gov/mission_pages/msl/multimedia/gallery-indexEvents.html
26. http://www.isro.gov.in/Spacecraft/mars-orbiter-mission-spacecraft&ei=A4nGicni&lc=en-IN&s=1&m=892&ts=1441164887&sig=APONPFlIoA__02WHmjp05WzyrBL-I48CKA
27. www.esa.int/spaceinimages/Images/2015/03/ExoMars_Trace_Gas_Orbiter_during_tests
28. metnet.fmi.fi/index.php
29. http://hubblesite.org/hubble_discoveries/discovering_planets_beyond/how-do-planets-form
30. Seidelmann, P. Kenneth; Archinal, Brent A.; A'Hearn, Michael F., Celestial Mechanics and Dynamical Astronomy, 2007
31. Lodders, Katharina; Fegley, Bruce., The planetary Scientist's Companion.,1998

32. Folkner, W. M., Interior Structure and Seasonal Mass Redistribution of Mars from Radio Tracking of Mars Pathfinder, 1997
33. Williams, David R., Mars Fact Sheet National Space Science Data Center,June 24, 2006.
34. Mallama, A., The Magnitude and Albedo of Mars, 2007
35. Mallama, A., Planetary Magnitudes: Sky and Telescope, 2011
36. Marsrover.nasa.gov., Mars Exploration Rover Mission: Spotlight, 2007
37. Krasnopolsky, Vladimir A.; Feldman, Paul D., Detection of Molecular Hydrogen in the Atmosphere of Mars, 2001
38. Clancy, R. T.; Sandor, B. J.; Moriarty-Schieven, G. H., A Measurement of the 362 GHz Absorption Line of Mars Atmospheric H2O2 ,2004
39. Formisano, V.; Atreya, S.; Encrenaz, T.; Ignatiev, N.; Giuranna, M., Detection of Methane in the Atmosphere of Mars, 2004
40. Barlow, Nadine G., Mars: An Introduction to Its Interior, Surface and Atmosphere, 2008
41. Adler, M.; Owen, W. and Riedel, J., Use of MRO Optical Navigation Camera to Prepare for Mars Sample Return, 2012
42. NASA/JPL ,NASA Images Suggest Water Still Flows in Brief Spurts on Mars, 2006
43. ESA , 'Water Ice in Crater at Martian North Pole', 2005
44. University of Texas at Austin.,Scientists Discover Concealed Glaciers on Mars at Mid-Latitudes, 2008.
45. Jha, Alok., The Guardian.com., Nasa's Curiosity Rover Finds Water in Martian Soil, 2013.
46. Peplow, Mark. How Mars Got Its Rust, 2007.
47. Nimmo, Francis; Tanaka, Ken, Early Crustal Evolution Of Mars, 2005
48. Rivoldini, A., Geodesy Constraints on the Interior Structure and Composition of Mars, 2011
49. Jacqué, Dave, Argonne National Laboratory., APS X-rays Reveal Secrets of Mars' core, 2003
50. McSween, Harry Y.; Taylor, G. Jeffrey; Wyatt, Michael, Elemental Composition of the Martian Crust, 2009
51. Bandfield, Joshua L., Global Mineral Distributions on Mars, 2002
52. Christensen, Philip R., Morphology and Composition of the Surface of Mars: Mars Odyssey THEMIS Results, 2003
53. Golombek, Matthew P., Thc Surface of Mars: Not Just Dust and Rocks Science Tanaka, 2003
54. Kenneth L.;Skinner, James A., Jr.; Dohm, James M.; Irwin, Rossman P., III; Kolb, Eric J.; Fortezzo, Corey M.; Platz, Thomas; Michael, Gregory G.; Hare, Trent M., Geologic Map of Mars - 2014, 2014.
55. Krisch, Joshua A., New York Times, Brand New Look at the Face of Mars., 2014. Staff (July 14, 2014). "Mars - Geologic map - Video (00:56)".
56. mars.nasa.gov, programmissions, 2014
57. solarsystem.nasa.gov, missions, 2014
58. planetary.org, space-missions:missions-to-mars, 2013

59. astrodigital.org, mars:whymars
60. mars-one.com, finance-and-feasibility: whats-the-historic-success-rate-of-missions-to-mars, 2012
61. mars-one.com , mission-to-mars:why-mars-and-not-another-planet, 2009
62. John Logsdon, 'Resist The Pull OF Mars, Air and Space', May, 1988.
63. space.com, historic mars missions, March 17, 2015
64. Norman Cousins, 'Why Man Explores' symposium, 1976.
65. space.com, most audacious mars missions ever, Jan 2, 2013
66. space.com, Mars Facts: Life, Water and Robots on the Red Planet, Nov 4, 2014
67. space.com, The Best (And Worst) Mars Landings in History, Aug 23, 2012
68. nasa.gov/mission_pages/msl/,Sedimentary Signs of a Martian Lakebed, 2014
69. nasa.gov/mission_pages/msl/, Simulated View of Gale Crater Lake on Mars, 2014
70. nasa.gov/mission_pages/msl/, Altered Landing Target in Gale Crater, Mars, 2012
71. mars.jpl.nasa.gov/msl/mission/instruments/,"Curiosity Rover Finds Biologically Useful Nitrogen on Mars, March 24, 2015
72. nasa.gov/mission_pages/msl/, NASA Selects Student's Entry as New Mars Rover Name, 2009
73. mashable.com, At Age 11, This Girl Named the Curiosity Rover, 2012
74. isro.gov.in/pslv-c25-mars-orbiter-mission, Mars Orbiter Mission Profile
75. isro.gov.in/pslv-c25-mars-orbiter-mission, Mission Objectives
76. isro.gov.in/pslv-c25-mars-orbiter-mission, Payloads
77. isro.gov.in/pslv-c25-mars-orbiter-mission , Breathtaking Pictures From Mars Colour Camera (MCC) of India's Mars Orbiter Spacecraft
78. isro.gov.in/pslv-c25-mars-orbiter-mission ,MARS ORBITER MISSION
79. dailymail.co.uk, New York Times slammed for 'racist' cartoon about India's Mars mission, Oct 2, 2014
80. insight.jpl.gov/home.cfm, InSight..into the early evolution of terrestrial planet.
81. exploration.esa.int/mars/, Robotic exploration of mars.
82. Metnet.fmi.fi/index.php, MetNet,The Next Generation Observation Network for Martian Atmospheric Science .
83. www.mars-one.com/mission , Mars One
84. www,russianspaceweb.com/phobos_grunt_design.html, Spacecraft.
85. Chang,Alicia,Panel :Next Mars Rover Should Gather Rocks, Soil, 12 July 2013.
86. Jezero Crater, PIA19303: A Possible Landing Site for the Mission, 7th March 2015
87. Yeomans, Donald K., Web-Interface for Mars JPL Horizons On-Line Ephemeris System, July 13, 2006

□□□